Du hörst **kw**, schreibst aber **Qu/qu**.

 **Qu**alle    **qu**aken

Du hörst **ai**, schreibst aber meist **Ei/ei**.

 **Ei**s    G**ei**ge

Du hörst **oi**, schreibst aber meist **Eu/eu**.

 **Eu**le    F**eu**er

Du hörst **scht**, schreibst aber **St/st**.

 **St**ern    **st**ark

Du hörst **schp**, schreibst aber **Sp/sp**.

 **Sp**inne    **sp**ät

Aus **a**, **o**, **u** werden die Umlaute **ä**, **ö**, **ü**.
Aus **au** wird **äu**.

 **A**pfel → **Ä**pfel    **O**fen → **Ö**fen

 H**u**t → H**ü**te    M**au**s → M**äu**se

1. Anlaute, Laute, Reime

1 Sprich das Wort zum ersten Bild jeder Zeile laut aus. Was klingt am Anfang gleich? Kreise in jeder Zeile alle richtigen Bilder ein.

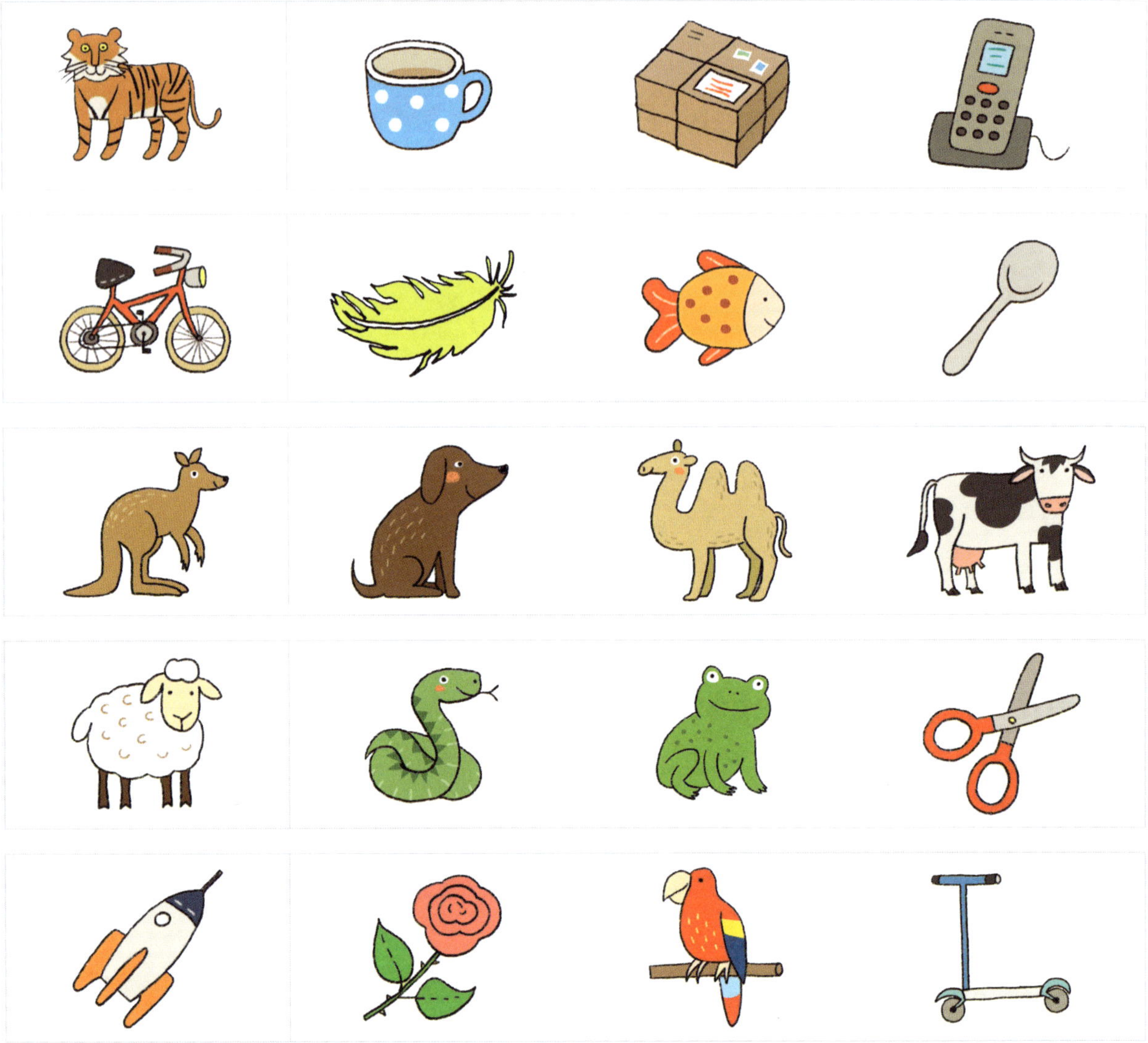

/5

2 Was reimt sich? Verbinde die Reimpaare.

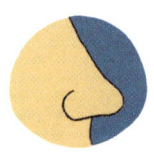     

/6

Liebe Schülerin, lieber Schüler!

Jetzt bist du endlich in der Schule und lernst lesen und schreiben. Auch Tests gehören zur Schule dazu, da deine Lehrerin oder dein Lehrer wissen möchte, was du schon kannst und wo du noch üben solltest. Für dich sind Tests sicherlich eine aufregende Sache.
Dieses Heft will dich dabei unterstützen, sicherer zu werden und dein Wissen zu überprüfen. Suche dir dafür den passenden Test heraus und arbeite diesen konzentriert durch. Vergleiche dann mit den Lösungen und berechne mit Hilfe der Punkte, wie gut du schon bist und was du noch üben solltest. Am besten lässt du dir hier von einem Erwachsenen helfen.

Ich wünsche dir viel Erfolg bei der Arbeit mit diesem Heft und weiterhin viel Freude in der Schule!

Liebe Eltern!

Mit diesem Heft können Sie und Ihr Kind den Lernstand überprüfen. Sie finden hier kurze Klassenarbeiten zu den Bereichen **Phonologische Bewusstheit**, **Richtig Schreiben**, **Lesen** und **Grammatik** (Sprache untersuchen).
In der 1. Klasse sollten Sie Ihrem Kind die **Aufgabenstellung** noch **laut vorlesen** und gegebenenfalls **erklären**. Jeder Test sollte möglichst ohne Unterbrechung bearbeitet werden (Dauer ca. 20 Minuten).
Helfen Sie Ihrem Kind beim Auszählen der Punkte. Da es in der 1. Klasse in der Regel noch **keine Noten** gibt, haben wir hier auf eine Einteilung des Lernstandes in Symbole zurückgegriffen. So ist auch für Ihr Kind auf einen Blick ersichtlich, wo es steht:

Sehr gut!	Gut!	Dran bleiben!	Viel üben!

Am Ende des Hefts finden Sie und Ihr Kind eine **Anlauttabelle** (Seite 50-52). Natürlich kann Ihr Kind auch seine eigene Anlauttabelle aus der Schule verwenden.

Ich wünsche Ihnen und Ihrem Kind viel Spaß und Erfolg mit der Arbeit in diesem Heft.

Ulrike Maier

Zur weiteren Übung bestimmter Bereiche finden Sie in unserem Verlag viele Lernhilfen im praktischen DIN-A5-Format. Schauen Sie doch einfach mal auf unsere Homepage: **www.hauschkaverlag.de**

Phonologische Bewusstheit

Laute und Buchstaben

Laute kannst du **hören**.
Buchstaben kannst du **schreiben**.

Höre ein Wort **Laut für Laut** ab und schreibe dann
Buchstabe für Buchstabe.

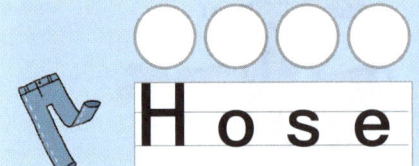 

Vokale und Silben

Die Buchstaben **a**, **e**, **i**, **o**, **u** heißen **Vokale** (Selbstlaute/Könige).

Wörter kannst du in Silben unterteilen.
Klatsche oder schwinge zu den Silben.
Jede Silbe hat **einen Vokal**.

Richtig schreiben

Sprich die Wörter deutlich, um richtig zu schreiben. Höre **am Ende eines Wortes** genau hin. Denke daran: **Jede Silbe** hat **einen Vokal**.

Du hörst **am Ende eines Wortes** ein **a**, schreibst aber meist **-er**.

3 Bei welchen Tieren hörst du **L, l** im Namen? Kreise sie ein.

☐ /4

4 Wo hörst du ein **A** am Anfang? Kreise ein.

☐ /4

5 Wo im Wort hörst du **M, m**: vorne, in der Mitte oder hinten? Schreibe dazu.

M

☐ /3

6 Wo im Wort hörst du **O, o**: vorne, in der Mitte oder hinten? Schreibe dazu.

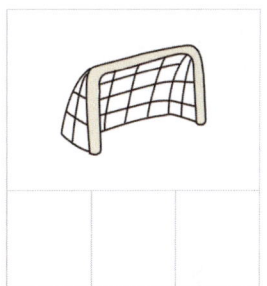 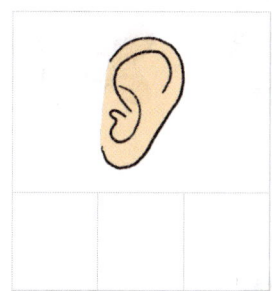  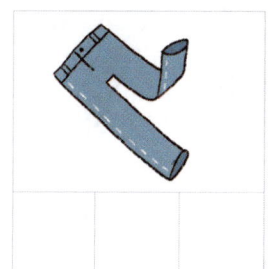

☐ /4

Von 26 Punkten hast du _____ erreicht.

2. Laute, Reime, erstes Schreiben

1 Was hörst du am Anfang? Schreibe die Buchstaben in die Kreise.

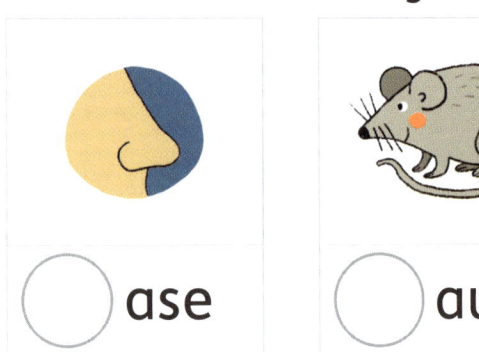

◯ ase   ◯ aus   ◯ sel   ◯ or   ☐/4

2 Suche die Anlaute in deiner Anlauttabelle. Schreibe dazu.

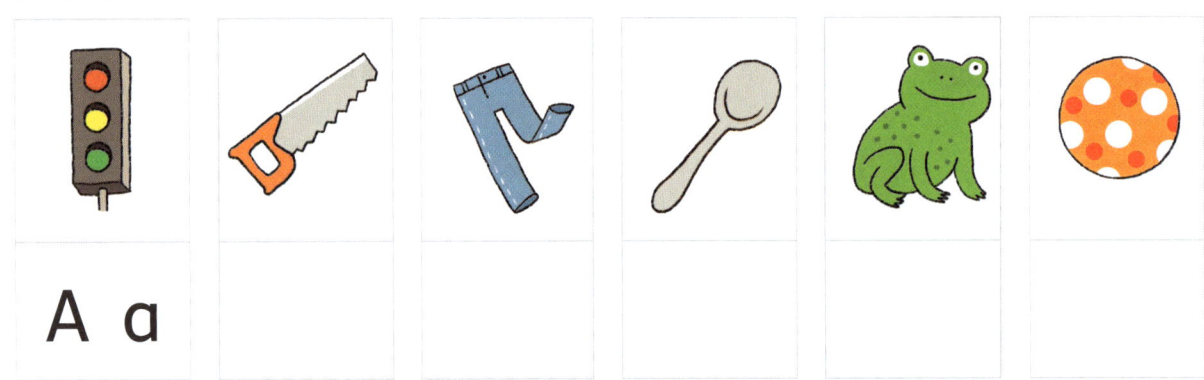

A a

☐/5

3 Was reimt sich? Kreuze die Reimwörter in jedem Kasten an.

☐/6

4 Setze A, E, I, O oder U richtig in die Wörter ein.

| W | _ | R | M | | K | _ | M | _ | L | | H | _ | N | D |

| D | _ | L | F | _ | N | | R | _ | B | _ | | W | _ L | F |

☐ /9

5 Schwinge die Silben. Schreibe die Wörter darunter.
(Wenn nötig, verwende deine Anlauttabelle.)

☐ /8

Von 32 Punkten hast du _____ erreicht.

3. Laute, Silben, erstes Schreiben

1 Male den Großbuchstaben und den Kleinbuchstaben in derselben Farbe aus.

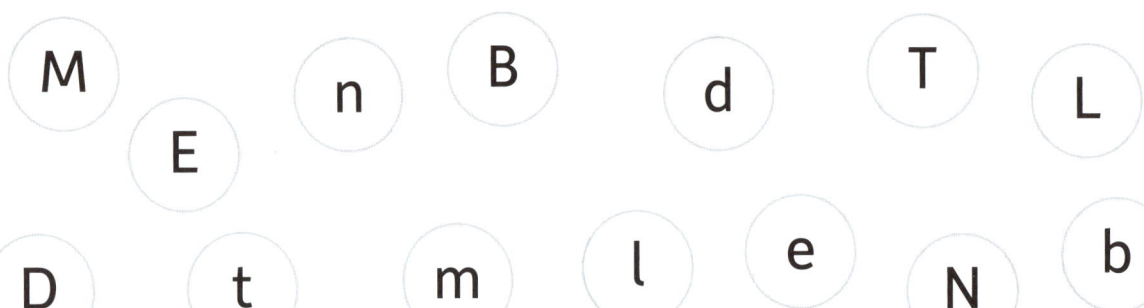

☐ /7

2 Was hörst du am Anfang? Schreibe die Buchstaben in die Kreise.

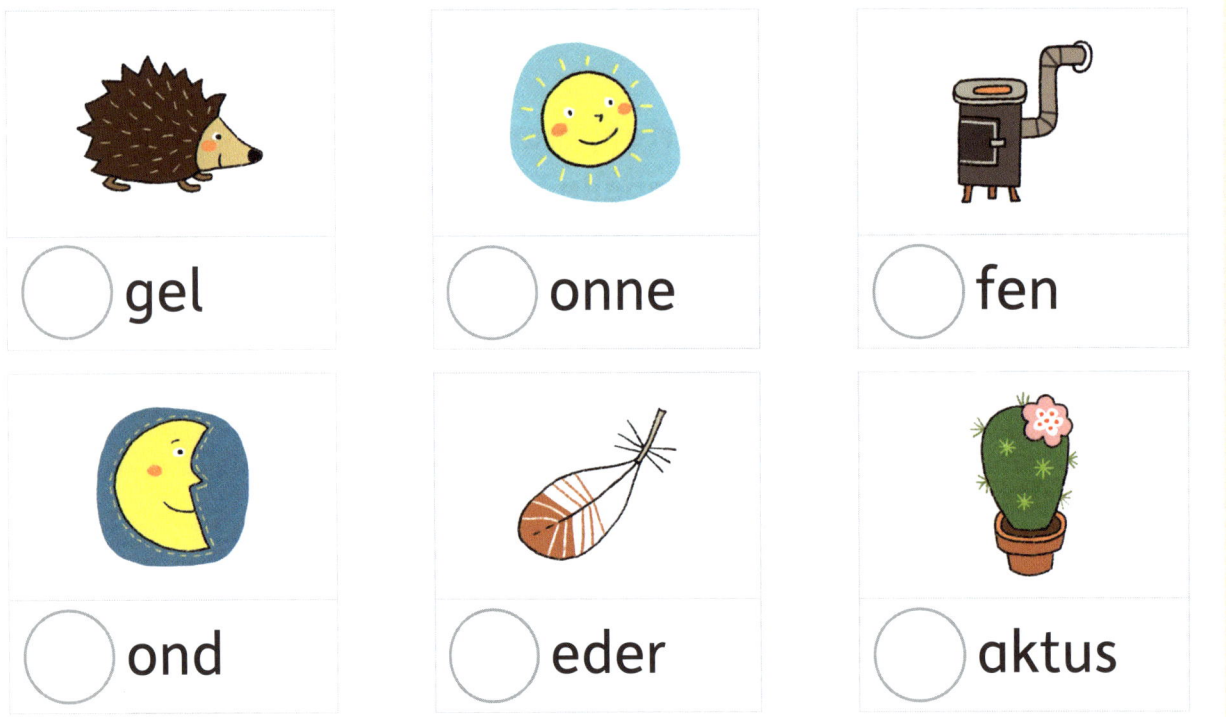

◯ gel ◯ onne ◯ fen

◯ ond ◯ eder ◯ aktus

☐ /6

3 Wie viele Silben hörst du? Zeichne Silbenbögen unter die Bilder.

☐ /5

4 Welche Anfangssilbe passt jeweils zum Bild? Verbinde.

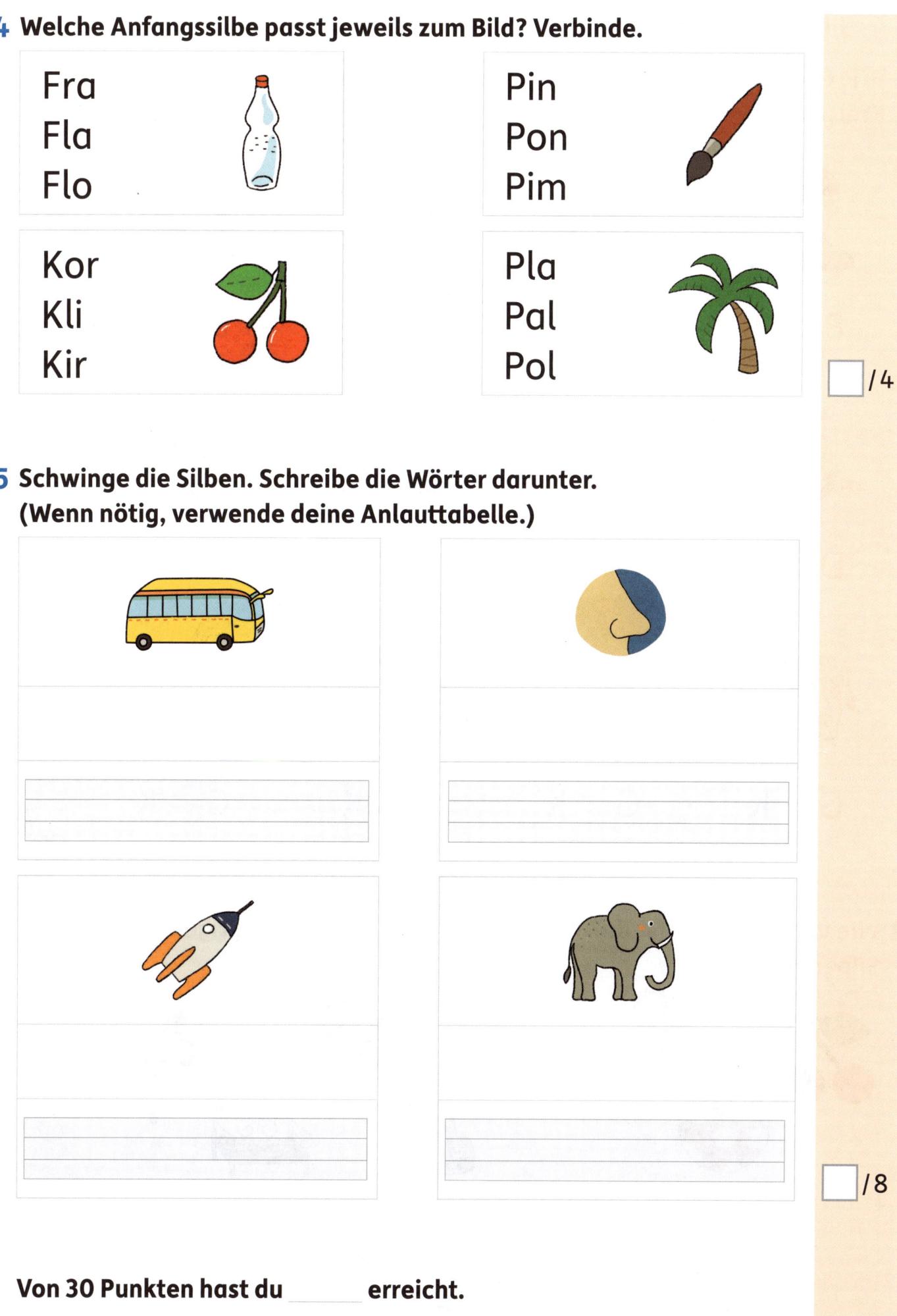

Fra
Fla
Flo

Kor
Kli
Kir

Pin
Pon
Pim

Pla
Pal
Pol

☐ /4

5 Schwinge die Silben. Schreibe die Wörter darunter.
(Wenn nötig, verwende deine Anlauttabelle.)

☐ /8

Von 30 Punkten hast du _____ erreicht.

4. Silben, B/P, G/K, D/T, ch, sch

1 B/P, G/K und D/T unterscheiden: Was hörst du am Anfang? Kreise ein.

B P	B P	B P	B P

D T	D T	D T	D T

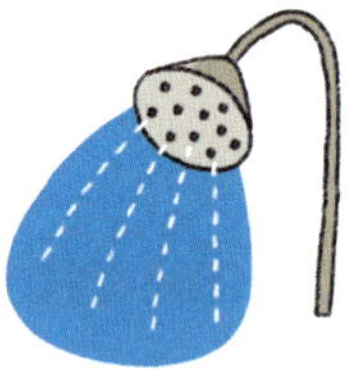

G K	G K	G K	G K

☐ /6

2 Wie viele Silben hörst du? Verbinde die Bilder mit den richtigen Silbenbögen.

☐ /8

3 Verbinde die Silben, die zusammengehören. Schreibe die Wörter auf.

Hand • fla • te
Milch • ma • sche
To • ta • sche

/6

4 Schwinge die Silben. Schreibe die Wörter darunter.

/8

Von 28 Punkten hast du _____ erreicht.

5. Wörter mit Endung -er, -el, -en

1 Setze die Vokale e und i richtig in die Wörter ein.

T_ g_ r   R_ g_ n

P_ ns_ l   F_ nst_ r

☐ /4

2 Setze die Silben zu Wörtern zusammen. Schreibe zu den Bildern.

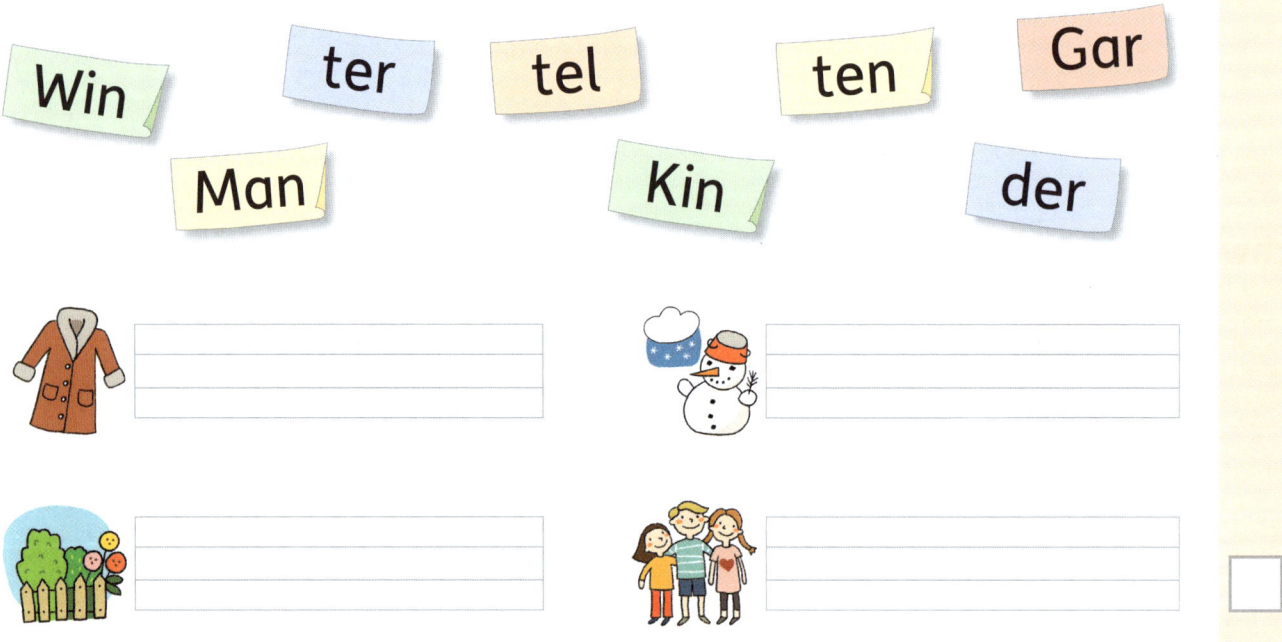

☐ /4

3 Ergänze jeweils die richtige Endung: er, el oder en. Schreibe auf die Tintenkleckse.

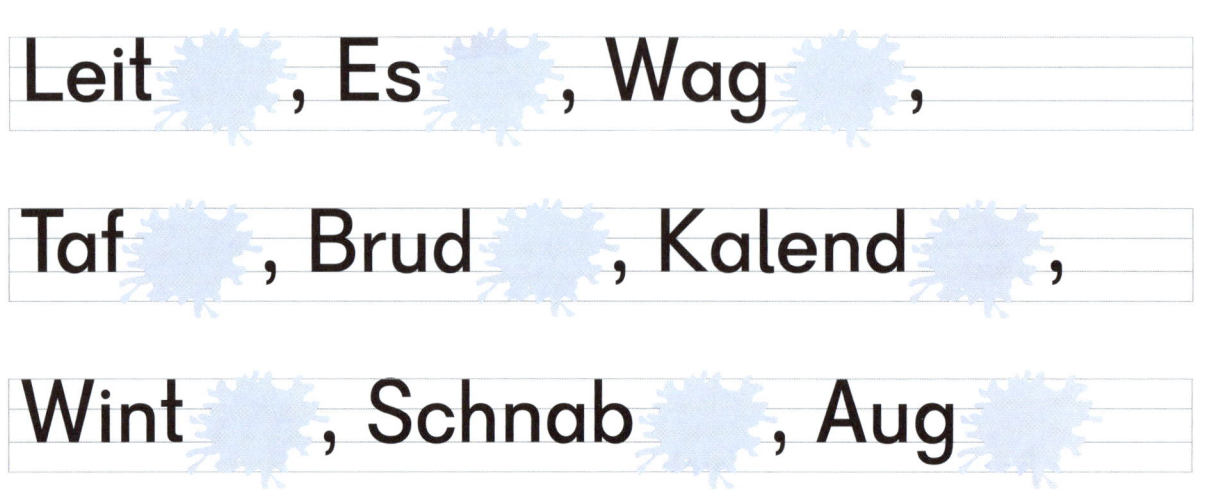

Leit___, Es___, Wag___,

Taf___, Brud___, Kalend___,

Wint___, Schnab___, Aug___

☐ /9

4 Schwinge die Silben. Schreibe die Wörter darunter.

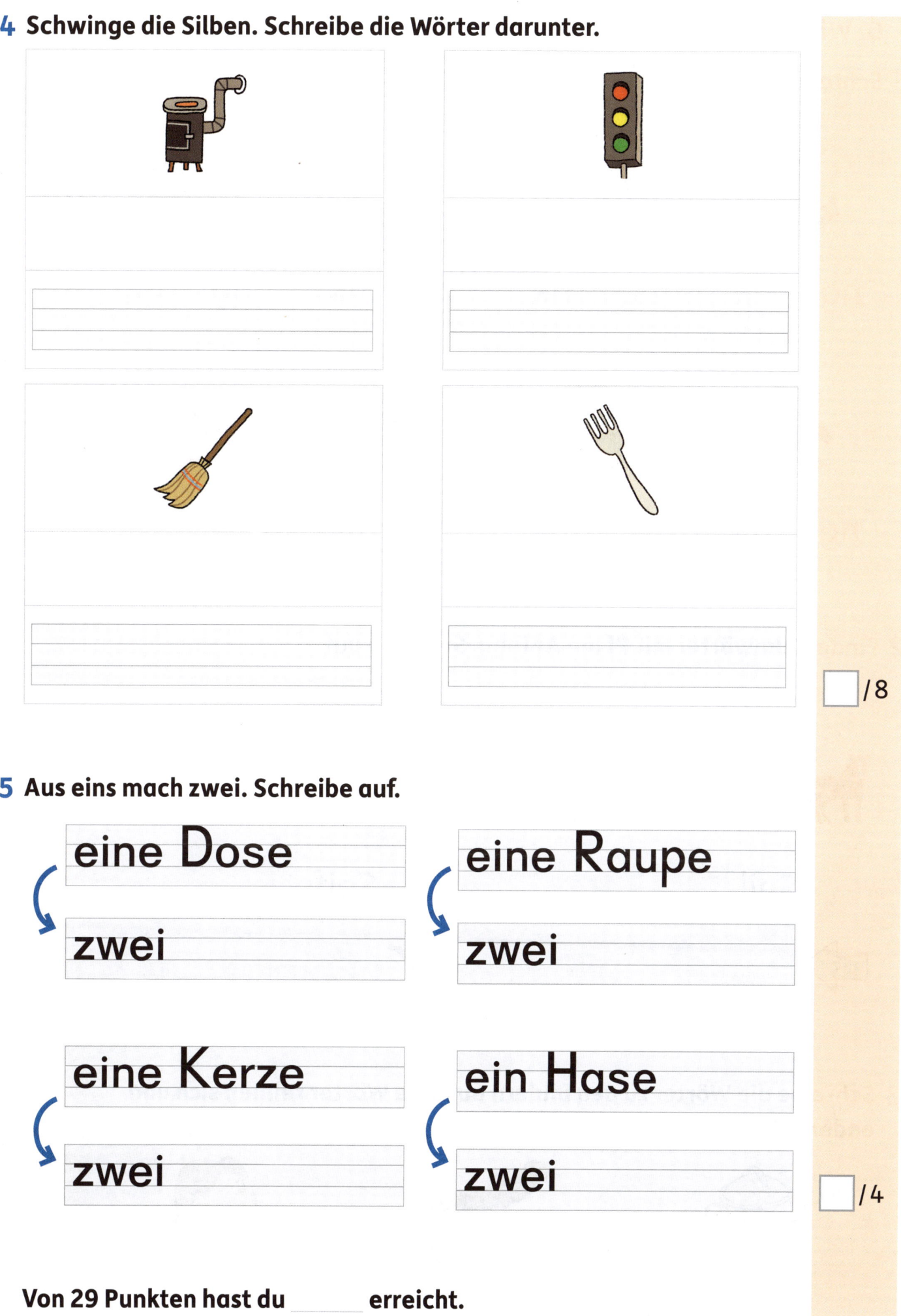

☐ /8

5 Aus eins mach zwei. Schreibe auf.

eine Dose → zwei ___

eine Raupe → zwei ___

eine Kerze → zwei ___

ein Hase → zwei ___

☐ /4

Von 29 Punkten hast du _____ erreicht.

6. Wörter mit ng, nk, Pf/pf und Qu/qu

1 Schreibst du ng oder nk? Kreise ein.

☐ /4

2 Finde Reimwörter mit Pf am Anfang. Schreibe auf.

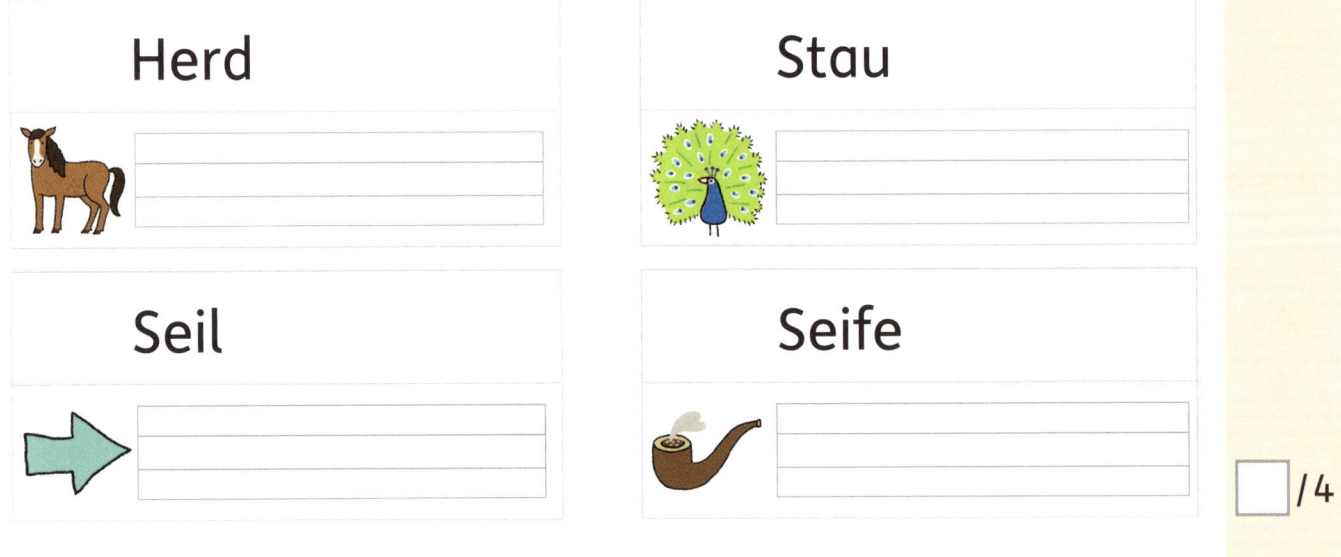

☐ /4

3 Schreibe die Wörter zu den Bildern auf. Alle Wörter reimen sich und enden mit pf.

☐ /3

4 Setze **Qu**, **K** oder **W** richtig ein. Schreibe die Wörter noch einmal richtig darunter.

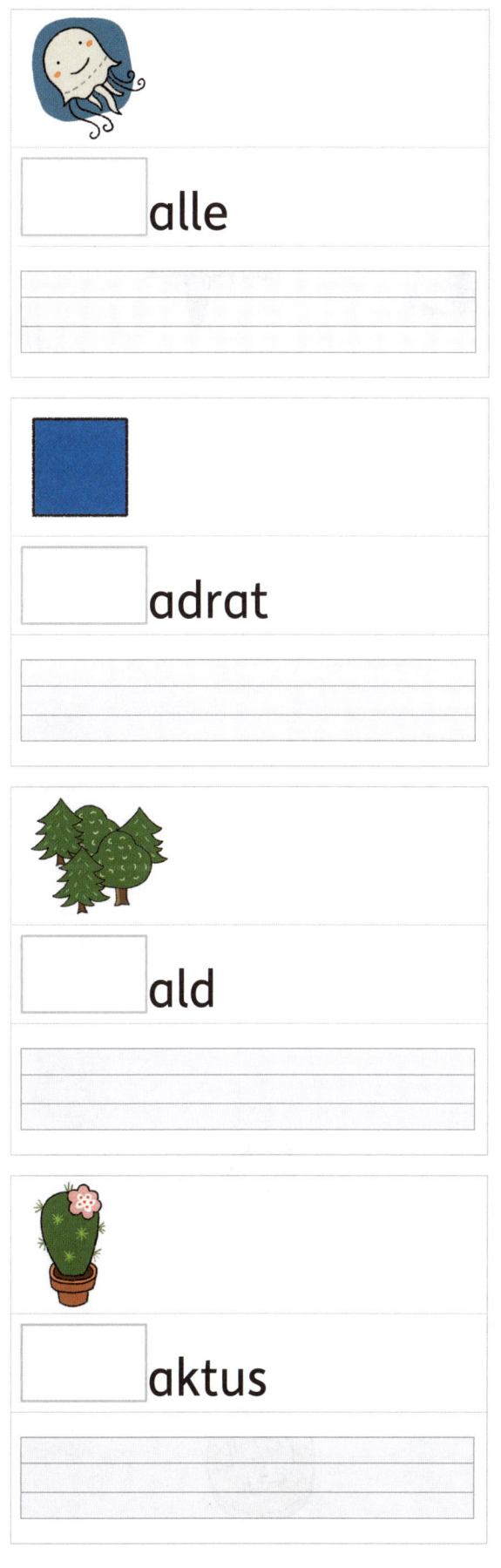

	alle
	rone
	adrat
	ark
	ald
	alm
	aktus

Von 18 Punkten hast du _____ erreicht.

/7

7. Wörter mit Ei/ei und Eu/eu, St und Sp

1 Bei welchen Wörtern hörst du **Ei, ei**? Kreise sie ein.

☐ /5

2 Finde Reimwörter. Schreibe auf.

☐ /4

3 Schreibe die Wörter mit **Eu, eu** darunter.

☐ /6

4 Schreibst du **St** oder **Sp**? Schreibe die Wörter richtig in die Tabelle.

tift   ein   inne

ort   orch   echt

St	Sp

☐/6

5 Setze richtig ein: **Sch**, **St** oder **Sp**.

____inat   ____wein   ____empel

____af   ____urm   ____agetti

____rache   ____unde   ____ern

☐/9

Von 30 Punkten hast du ____ erreicht.

Sieh dir alles nochmal genau an und verbessere, wenn nötig!

8. Umlaute ä, ö, ü und Doppellaute au/äu

1 Was hörst du: ä, ö oder ü? Schreibe den passenden Umlaut zu den Bildern.

/9

2 Schreibe die Wörter zu den Bildern.

/6

3 Aus eins mach zwei. Schreibe auf. Achte darauf:
Aus a wird ä, aus o wir ö, aus u wird ü und aus au wir äu!

ein Hut – zwei

ein Ast – zwei

ein Topf – zwei

ein Buch – zwei

ein Zaun – zwei

ein Frosch – zwei

/6

4 Schreibe Einzahl und Mehrzahl der Wörter unter die Bilder.

/4

Von 25 Punkten hast du _____ erreicht.

9. Fit für die 2. Klasse?

1 Schreibe die richtigen Anfangsbuchstaben in den Kreis.

◯ pfel   ◯ alle   ◯ inne   ◯ ge   ◯ ilz

◯ ebra   ◯ acke   ◯ erd   ◯ mer   ◯ le

☐ /5

2 Löse die Rätsel. Die Silben helfen dir dabei. Schreibe auf.

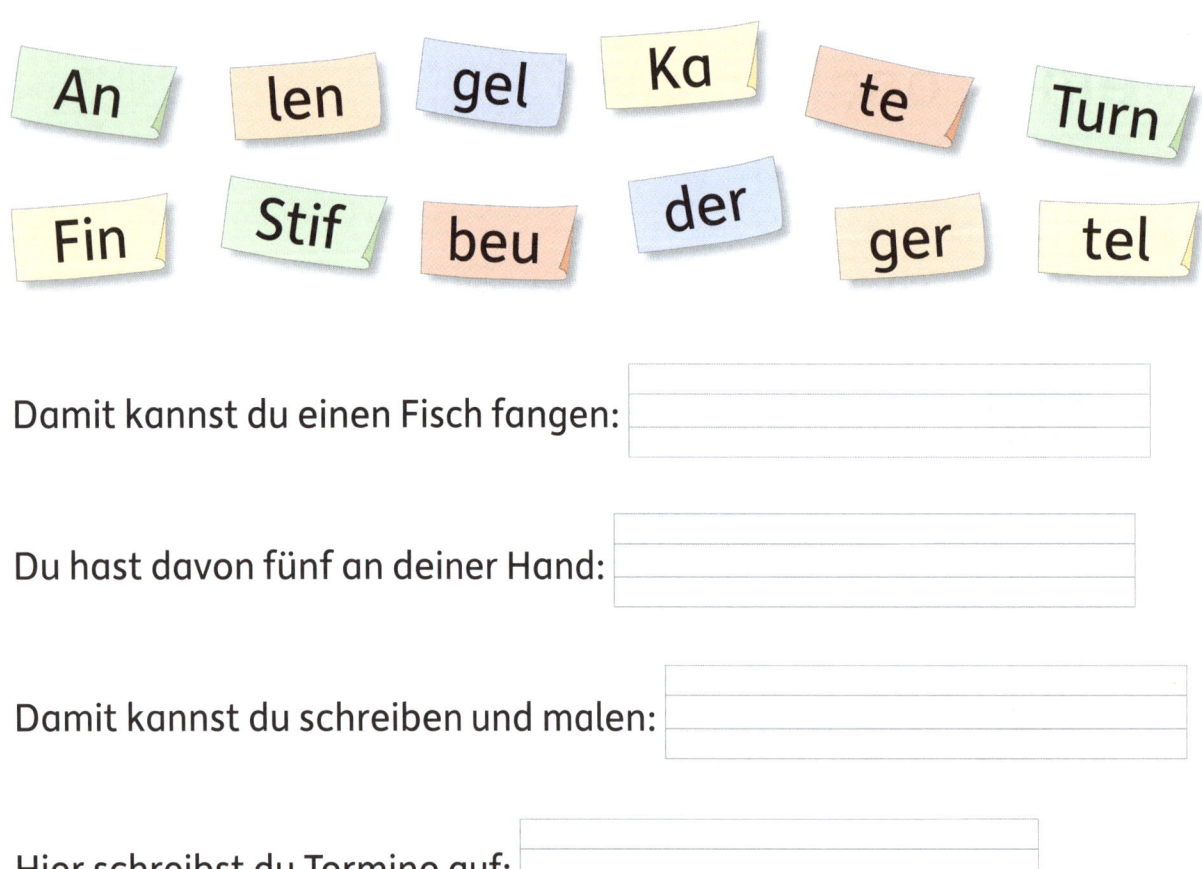

An   len   gel   Ka   te   Turn

Fin   Stif   beu   der   ger   tel

Damit kannst du einen Fisch fangen: _____

Du hast davon fünf an deiner Hand: _____

Damit kannst du schreiben und malen: _____

Hier schreibst du Termine auf: _____

Wenn ihr Sport habt, brauchst du ihn: _____

☐ /5

3 Schwinge die Silben. Schreibe die Wörter darunter.

☐ /4

4 Schreibe die Wörter zu den Bildern richtig auf.

☐ /6

5 Aus eins mach zwei.

eine Maus – zwei

ein Turm – zwei

ein

eine

☐ /6

Von 26 Punkten hast du _____ erreicht.

Lesen

10. Silben und einfache Wörter lesen

1 Wie oft findest du den blauen Buchstaben in jeder Reihe? Kreise ein.

P   P B D B B P R P B b C P O

A   V C U A ∩ V ∀ A E Z A U

F   E L F T F Ł F L E E Γ H F

/3

2 Wie beginnen die Wörter? Verbinde jeden Wortanfang mit dem richtigen Bild.

Me   Ro   So   Ka   Ta

/5

3 Verbinde Wort und Bild.

Opa   Sofa   Bus   Dino   Kamel

/5

4 Kreise immer das Wort ein, das zum Bild passt.

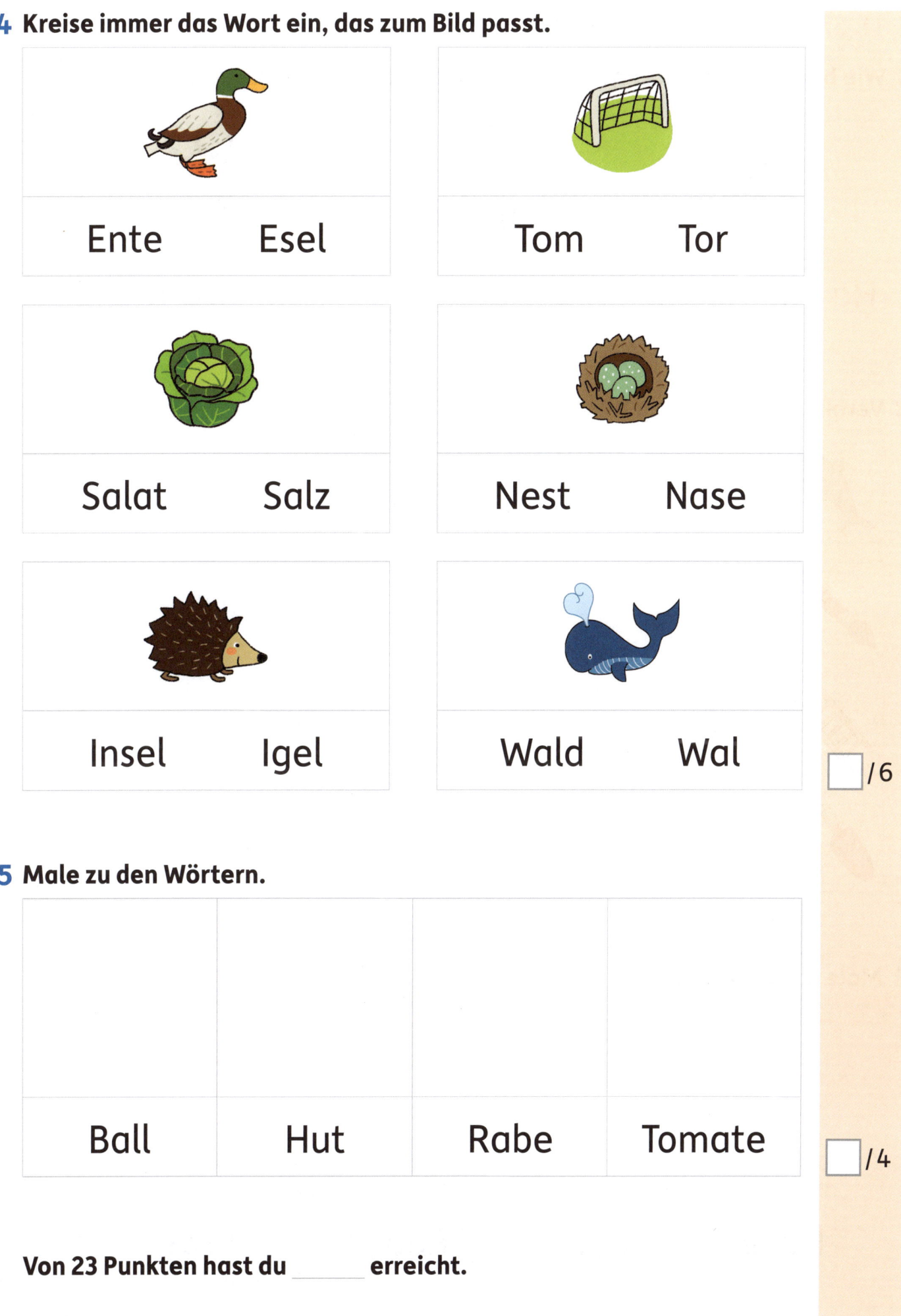

Ente Esel	Tom Tor
Salat Salz	Nest Nase
Insel Igel	Wald Wal

☐ /6

5 Male zu den Wörtern.

Ball	Hut	Rabe	Tomate

☐ /4

Von 23 Punkten hast du ____ erreicht.

11. Silben und Wörter lesen

1 Wie beginnt das Wort? Kreuze jeweils die richtige Anfangssilbe an.

| Ha | Ho | He | Hu |

| Pu | Po | Pe | Pi |

| Klo | Kru | Kro |

☐ /3

2 Verbinde die Silben zu Wörtern.

 Del-   -sel

 Pin-   -fel

 Lei-   -fin

 Schau-   -ter

☐ /4

3 Male zu den Wörtern.

| Hose | Banane | Regen | Brot |

☐ /4

4 Verbinde Wort und Bild.

Dose   Nase   Rakete   Paket   Papagei

☐ /5

5 Lies genau. Welches Wort passt zum Bild? Verbinde.

Puppe   Nadel
Pumpe   Nudel
Pappe   Nagel

Zahn   Schal
Zahl   Schaf
Zaun   Schiff

☐ /4

6 Lies die Wörter. Male nur alle Tiere an.

Kaktus   Hund   Elefant

Pinguin   Lampe   Nashorn

☐ /6

Von 26 Punkten hast du _____ erreicht.

12. Wörter lesen

1 **Verbinde Wort und Bild.**

Zebra   Mantel   Kirsche   Eimer   Flöte

/5

2 **Was ist auf dem Bild zu sehen? Kreuze an.**

- ○ Opa
- ○ Puppe
- ○ Roller
- ○ Auto
- ○ Pilz
- ○ Ball
- ○ Schnecke
- ○ Wolke
- ○ Hase

/9

3 **Male dazu, was fehlt.**

ein Mann mit Brille   ein Eis mit drei Kugeln

/2

281

Tests in Deutsch
Lernzielkontrollen 1. Klasse

Lösungen

Dieser Lösungsteil ist herausnehmbar!
Klammern in der Mitte des Heftes öffnen!

Liebe Eltern!
Unterstützen Sie Ihr Kind beim Korrigieren mit den Lösungen und dem Auszählen der Punkte. Am Endes des Lösungsteils findet Ihr Kind auch ein paar Rätselaufgaben, die Ihrem Kind sicher zwischendurch Spaß machen.

Gerade in der 1. Klasse soll die Freude am Lernen im Vordergrund stehen. Lesen und Schreiben lernen Kinder in sehr individuellem Tempo. Manchen Kindern fällt dies einfach schwerer als anderen. Falls Ihr Kind noch viele Fehler macht, ist das nicht schlimm. Ermutigen Sie Ihr Kind weiter zu üben und richten Sie den Fokus auf das, was Ihr Kind bereits gut kann. So stärken Sie Ihr Kind und erhalten seine natürliche Motivation und Neugier!

1. Anlaute, Laute, Reime

1 Für jedes richtig eingekreiste Bild gibt es einen 1/2 P.
Ziehe dir für jedes falsch eingekreiste Bild einen 1/2 P ab.

2

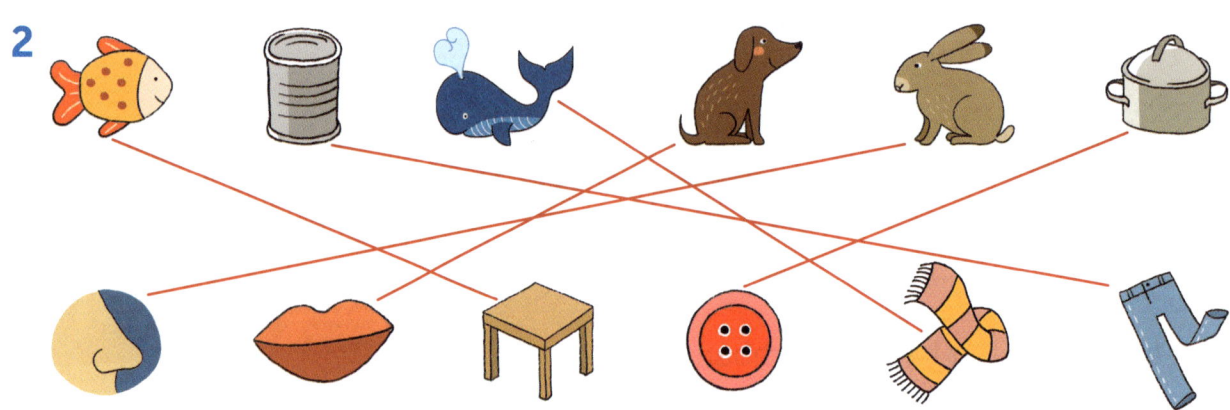

3

Ziehe dir für jedes nicht oder falsch eingekreiste Tier **1P** ab.

4

Ziehe dir für jedes nicht oder falsch eingekreiste Bild **1P** ab.

5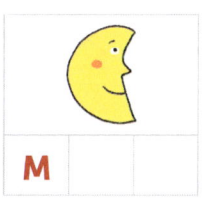

M   m   m   M

6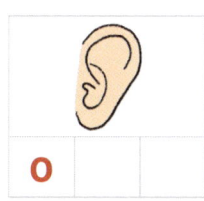

o   o   o   o

Punkte	26–24	23,5–20	19,5–17	16,5–0
Wissensstand	👑🙂	🙂	😐	🚧

Du machst das super!

2. Laute, Reime, erstes Schreiben

1

 **N**ase  **M**aus  **E**sel  **T**or

2

 A a    **S s**    **H h**    **L l**    **F f**    **B b**

Sind die Buchstaben richtig geschrieben? Ziehe dir ansonsten jeweils einen ½P ab.

3

4

W **U** R M   K **A** M **E** L   H **U** N D

D **E** L F **I** N   R **A** B **E**   W **O** L F

5

Salat	Hut
Hase	Tomate

Für das richtige Silbenschwingen gibt es jeweils 1P, für die richtige Schreibung auch jeweils 1P.

Hinweis für Eltern:
Zu Beginn darf Ihr Kind auch noch in Großbuchstaben schreiben bzw. Groß- und Kleinbuchstaben innerhalb eines Wortes mischen. Weisen Sie Ihr Kind aber darauf hin, wie es richtig ist. Und achten Sie darauf, dass Ihr Kind wirklich jeden Laut schreibt und die Buchstaben richtig geschrieben werden!

Punkte	32–29,5	29–25,5	25–21	20,5–0
Wissensstand	👑	🙂	😐	🚧

3. Laute, Silben, erstes Schreiben

1

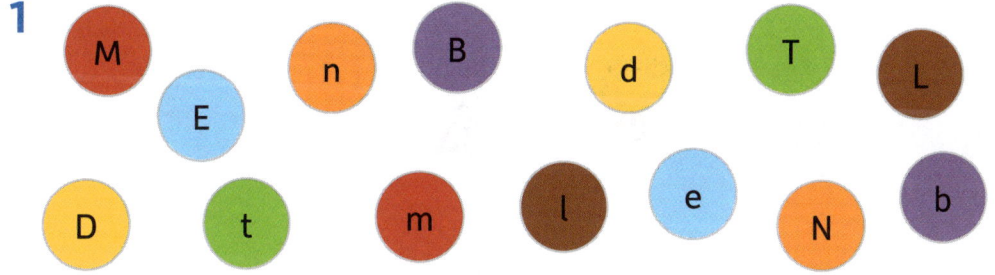

2

Igel	**S**onne	**O**fen
Mond	**F**eder	**K**aktus

3

Lösungen

4

Fra
Fla —
Flo

Pin —
Pon
Pim

Kor
Kli
Kir —

Pla
Pal —
Pol

5

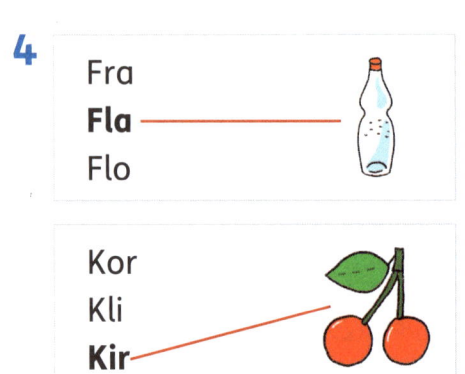

Bus

Nase

Rakete

Elefant

Für das richtige Silbenschwingen gibt es jeweils 1P, für die richtige Schreibung auch jeweils 1P.

Hinweis für Eltern:
Zu Beginn darf Ihr Kind auch noch in Großbuchstaben schreiben bzw. Groß- und Kleinbuchstaben innerhalb eines Wortes mischen. Weisen Sie Ihr Kind aber darauf hin, wie es richtig ist. Und achten Sie darauf, dass Ihr Kind wirklich jeden Laut schreibt und die Buchstaben richtig geschrieben werden!

Punkte	30-27,5	27-24	23,5-19,5	19-0
Wissensstand	👑🙂	🙂	😐	🚧

4. Silben, B/P, G/K, D/T, ch, sch

1

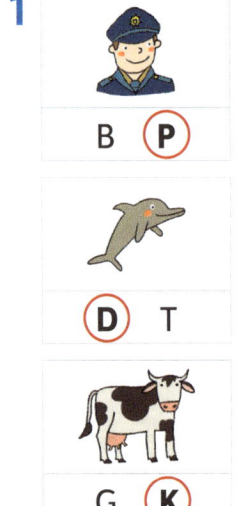

B (P)

(Pizza) B (P)

(Baum) (B) P

(Buch) (B) P

(Delfin) (D) T

(Tisch) D (T)

(Dusche) (D) T

(Turm) D (T)

(Kuh) G (K)

(Giraffe) (G) K

(Katze) G (K)

(Gabel) (G) K

Für jeden richtig eingekreisten Buchstaben gibt es einen 1/2P.

2

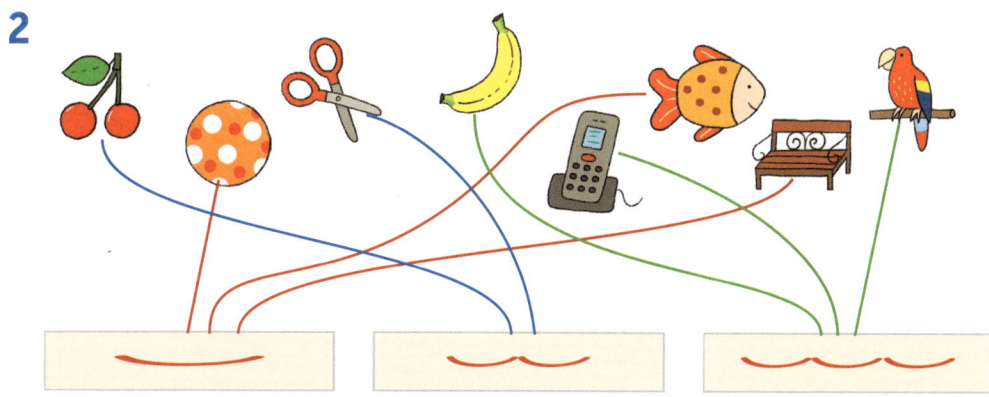

3

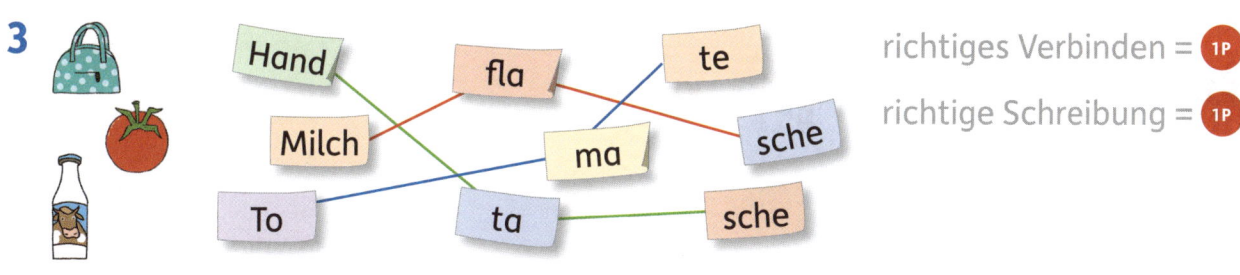

richtiges Verbinden = 1P

richtige Schreibung = 1P

Handtasche   Tomate   Milchflasche

4

Buch	Dusche
Tisch	Dach

Für das richtige Silbenschwingen gibt es jeweils 1P, für die richtige Schreibung auch jeweils 1P.

Punkte	28–25,5	25–22,5	22–18	17,5–0
Wissensstand	👑	🙂	😐	🚧

Du bist sehr fleißig! Weiter so!

5. Wörter mit Endung -er, -el, -en

1 Ti**g**e**r**   Re**g**e**n**

 Pi**ns**e**l**    F**e**ns**t**e**r**

Für jeden richtigen Buchstaben gibt es einen 1/2 P.

2 **Mantel**   **Winter**

 Garten   **Kinder**

Hast du richtig geschrieben und besonders auf die Endung geachtet? Sonst gibt es keinen Punkt.

3 Leit**er**, Es**el**, Wag**en**,
Taf**el**, Brud**er**, Kalend**er**,
Wint**er**, Schnab**el**, Aug**en**

4

Ofen   **Besen**

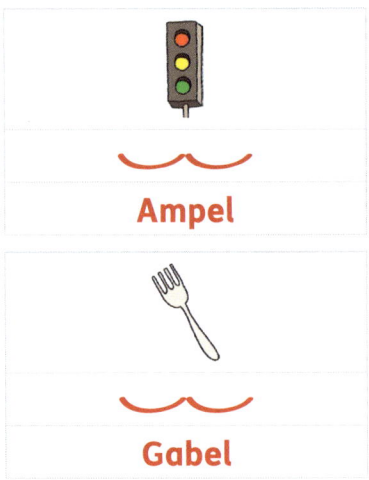

Ampel   **Gabel**

Für das richtige Silbenschwingen gibt es jeweils 1P, für die richtige Schreibung gibt es auch jeweils 1P.

5
eine Dose → zwei **Dosen**   eine Raupe → zwei **Raupen**

eine Kerze → zwei **Kerzen**   ein Hase → zwei **Hasen**

Punkte	29–26,5	26–23	22,5–19	18,5–0
Wissensstand	😊👑	😊	😐	🚧

6. Wörter mit ng, nk, Pf/pf und Qu/qu

1

| ng **nk** | **ng** nk | **ng** nk | ng **nk** |

| **ng** nk | ng **nk** | **ng** nk | **ng** nk |

Für jeden richtigen Kreis gibt es einen 1/2 P.

2

Herd	Stau
Pferd	**Pfau**
Seil	Seife
Pfeil	**Pfeife**

Hast du richtig geschrieben? Ziehe dir ansonsten 1P ab.

3 **Topf   Zopf   Kopf**

4

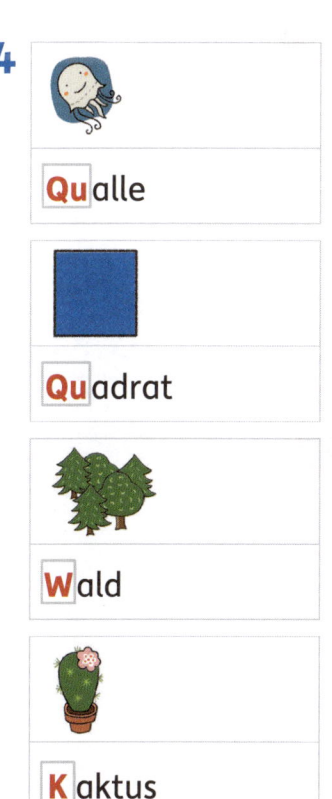

Qualle	**K**rone
Quadrat	**Qu**ark
Wald	**Qu**alm
Kaktus	

Hast du richtig abgeschrieben? Ziehe dir ansonsten einen 1/2 P für jedes falsch geschriebene Wort ab.

Punkte	18–16,5	16–14,5	14–11,5	11–0
Wissensstand	👑🙂	🙂	😐	🚧

7. Wörter mit Ei/ei und Eu/eu, St und Sp

1

Für jedes richtig eingekreiste Bild gibt es 1P. Ziehe dir für ein falsch eingekreistes Bild 1P ab.

2

Beil	Reiter
Seil	Leiter
Schwein	Schleife
Bein	Seife

Hast du richtig geschrieben? Ziehe dir ansonsten 1P ab.

3

Eule	Feuer	neun/Neun
Beule	Euter	Euro

Hast du richtig geschrieben? Ziehe dir ansonsten 1P ab.

4

St	Sp
Stift	Sport
Storch	Spinne
Stein	Specht

Hast du richtig abgeschrieben? Ziehe dir ansonsten 1P ab.

5

Spinat   Schwein   Stempel
Schaf   Sturm   Spagetti
Sprache   Stunde   Stern

Punkte	30-27,5	27-24	23,5-19,5	19-0
Wissensstand				

8. Umlaute ä, ö, ü und Doppellaute au/äu

1 ü   ö   ä

 ö  ü  ä

 ö  ü   ä

2 Löwe  Tür

Hast du richtig geschrieben? Ziehe dir ansonsten 1P ab.

 Bär  Flöte

 fünf/Fünf  Käse

3

	ein Hut – zwei **Hüte**		ein Buch – zwei **Bücher**
	ein Ast – zwei **Äste**		ein Zaun – zwei **Zäune**
	ein Topf – zwei **Töpfe**		ein Frosch – zwei **Frösche**

4 Baum  Bäume   Haus  Häuser

Punkte	25–23	22,5–20	19,5–16	15,5–0
Wissensstand	👑	🙂	😐	🚧

9. Fit für die 2. Klasse?

1

| **A**pfel | **Q**ualle | **Sp**inne | **Au**ge | **P**ilz |
| **Z**ebra | **J**acke | **Pf**erd | **Ei**mer | **Eu**le |

2 Damit kannst du einen Fisch fangen: **Angel**
Du hast davon fünf an deiner Hand: **Finger**
Damit kannst du schreiben und malen: **Stifte**
Hier schreibst du Termine auf: **Kalender**
Wenn ihr Sport habt, brauchst du ihn: **Turnbeutel**

Hast du mit Hilfe der Silben richtig geschrieben? Ansonsten gibt es keinen Punkt.

3

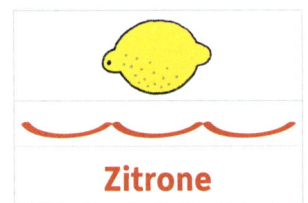

Nagel — **Zitrone**

Für das richtige Silbenschwingen gibt es jeweils **1P**, für die richtige Schreibung gibt es auch jeweils **1P**.

4

| **Blume** | **Schlange** | **Tor** |
| **Topf** | **Auto** | **Eis** |

5

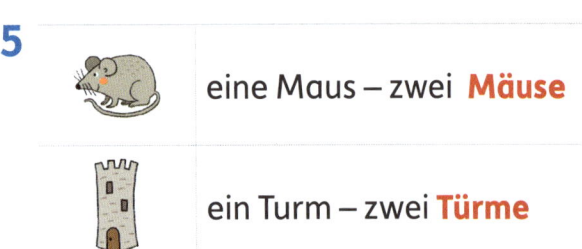
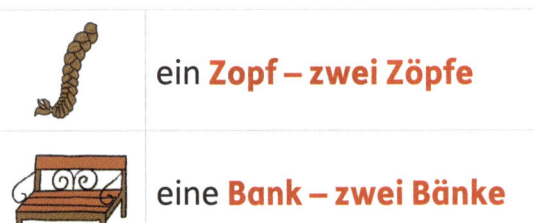

eine Maus – zwei **Mäuse**   ein Zopf – zwei **Zöpfe**
ein Turm – zwei **Türme**   eine **Bank – zwei Bänke**

| Punkte | 26–24 | 23,5–20 | 19,5–17 | 16,5–0 |
| Wissensstand | | | | |

10. Silben und einfache Wörter lesen

1 P   (P) B D B B (P) R (P) B b C (P) O   Ziehe dir für jeden nicht oder
A   V C U (A) ∩ V ∀ (A) E Z (A) U   falsch eingekreisten Buchstaben
F   E L (F) T (F) Ł (F) L E E Γ H (F)   einen ½P ab.

2 Me   Ro   So   Ka   Ta

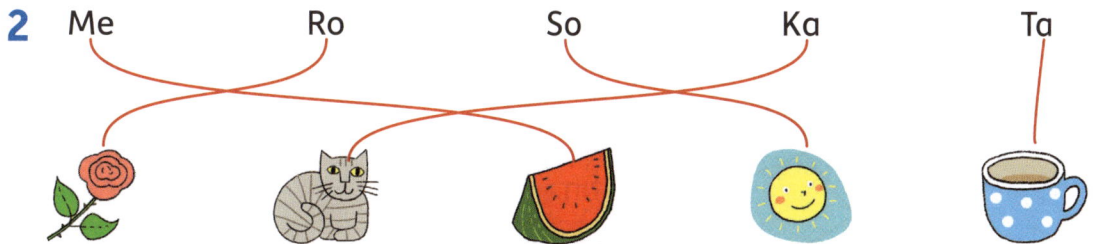

3 Opa   Sofa   Bus   Dino   Kamel

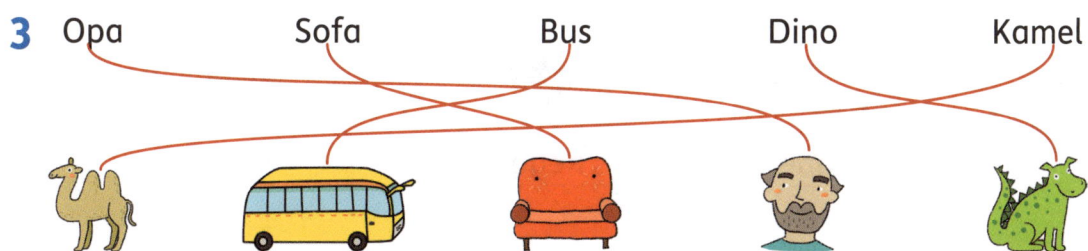

4

(Ente)   Esel   Tom   (Tor)

(Salat)   Salz   (Nest)   Nase

Insel   (Igel)   Wald   (Wal)

5

Ball   Hut   Rabe   Tomate

Punkte	23–21	20,5–18,5	18–15	14,5–0
Wissensstand	😊👑	🙂	😐	🚧

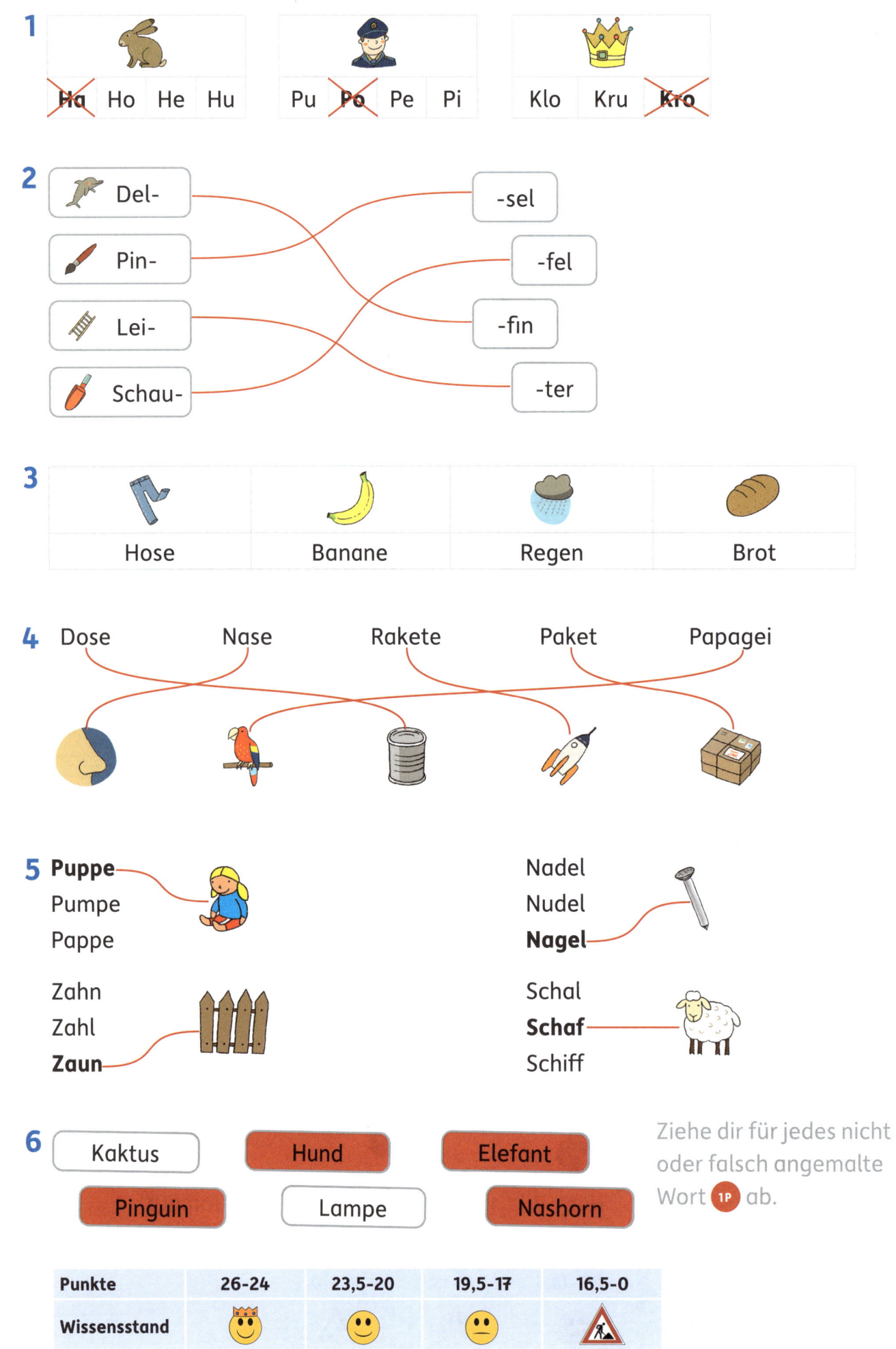

12. Wörter lesen

1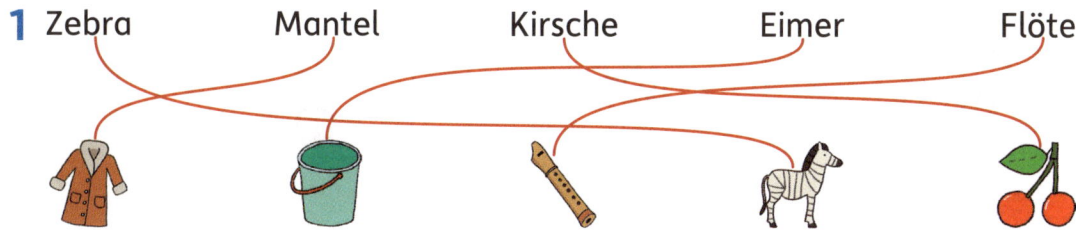

2 Ziehe dir für jedes nicht oder falsch angekreuzte Wort (1P) ab.

- ☒ Opa
- ○ Auto
- ☒ Schnecke
- ☒ Puppe
- ☒ Pilz
- ○ Wolke
- ☒ Roller
- ☒ Ball
- ○ Hase

3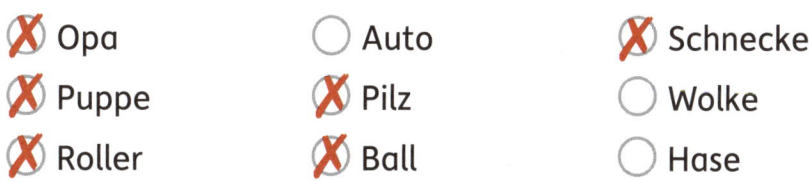

ein Mann mit Brille   ein Eis mit drei Kugeln

4
- ☒ **ein großer Baum**
- ○ ein langer Kopf
- ○ ein großer Raum
- ☒ **ein langer Zopf**

- ○ ein Glas Schaf
- ☒ **eine Vase mit Blumen**
- ☒ **ein Glas Saft**
- ○ eine Nase mit Blumen

5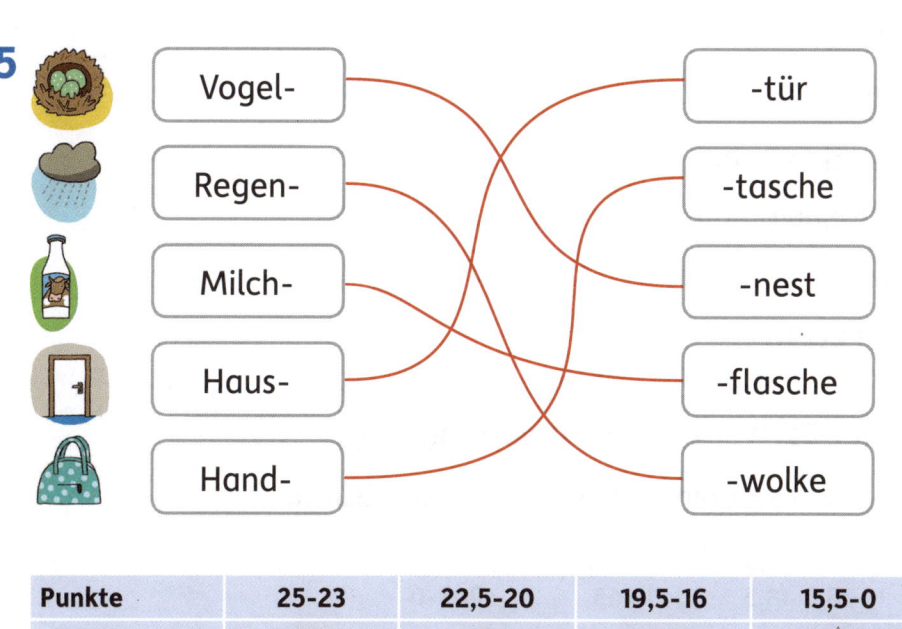

Punkte	25–23	22,5–20	19,5–16	15,5–0
Wissensstand	😀	🙂	😐	⚠️

13. Wörter und kurze Sätze lesen

1 ⊗ Apfelsaft   ⊗ Limonade   ◯ Telefon
◯ Flugzeug   ⊗ Milch   ⊗ Früchtetee
⊗ Wasser   ◯ Füller   ◯ Salamibrot

Ziehe dir für jedes nicht oder falsch angekreuzte Wort **1P** ab.

2
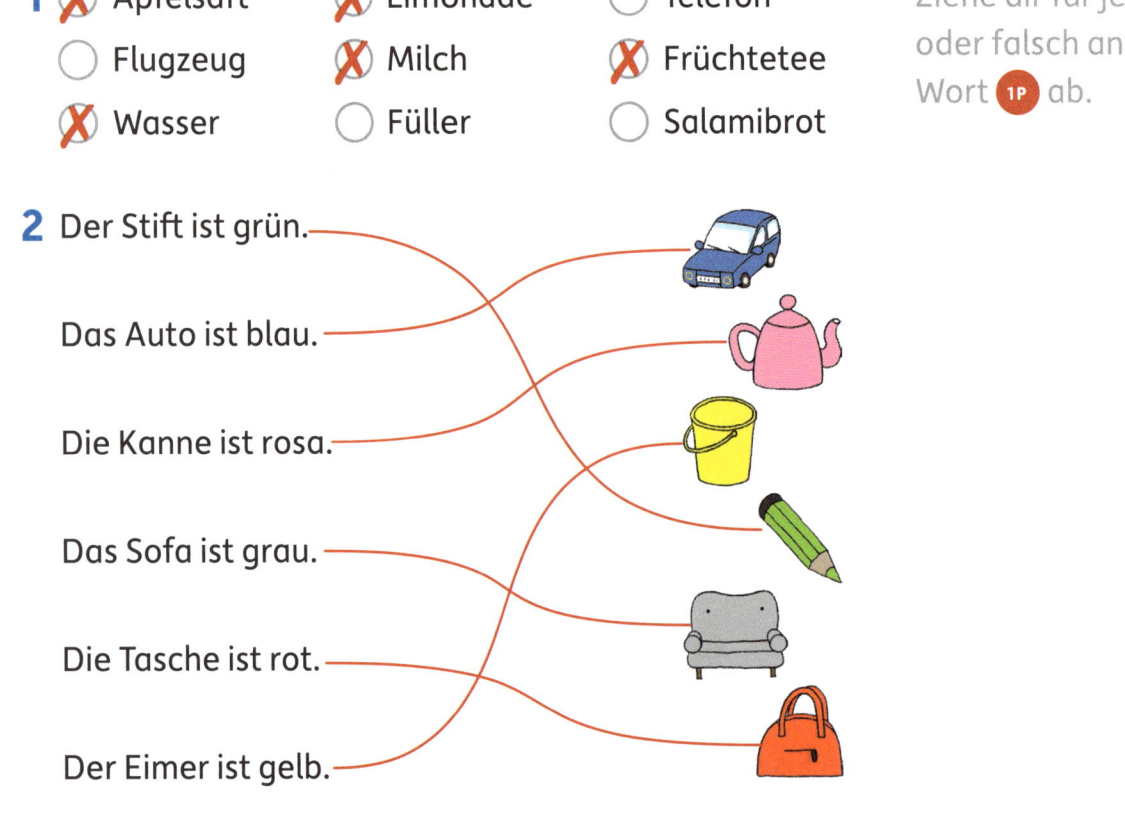

Der Stift ist grün.
Das Auto ist blau.
Die Kanne ist rosa.
Das Sofa ist grau.
Die Tasche ist rot.
Der Eimer ist gelb.

3

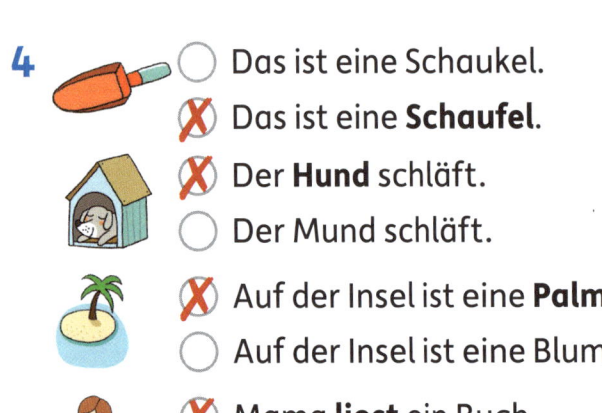

Auf dem Teller liegt ein Apfel.   Das Haus hat vier Fenster.

4
◯ Das ist eine Schaukel.
⊗ Das ist eine **Schaufel**.
⊗ Der **Hund** schläft.
◯ Der Mund schläft.
⊗ Auf der Insel ist eine **Palme**.
◯ Auf der Insel ist eine Blume.
⊗ Mama **liest** ein Buch.
◯ Mama niest ein Buch.

5 Es kann fliegen. Es hat Flügel. Es ist schwer. Es ist ein **Flugzeug**.

Es ist grün. Du kannst es essen. Es ist ein Gemüse. Es ist eine **Gurke**.

Punkte	23-21	20,5-18,5	18-15	14,5-0
Wissensstand	👑	🙂	😐	🚧

14. Sätze lesen

1 Ein ganzes Jahr hat zwölf [Monate] [Tage].
Mama backt im Ofen [Kuchen] [Salat].
Nachts jagen Eulen [Tiger] [Mäuse].
Vögel haben [Flügel] [Flossen].
Wir sehen mit unseren [Augen] [Ohren].
Elefanten leben in [Italien] [Afrika].

2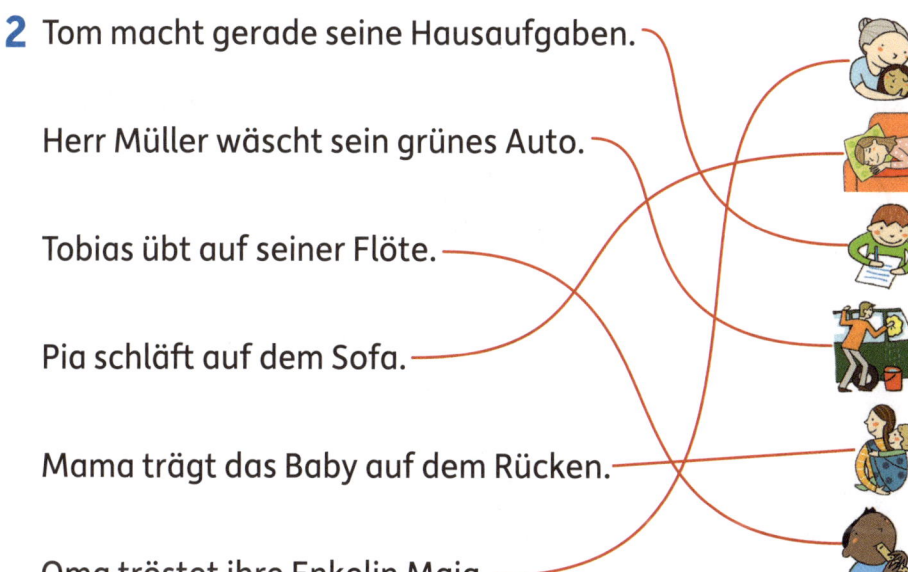

Tom macht gerade seine Hausaufgaben.

Herr Müller wäscht sein grünes Auto.

Tobias übt auf seiner Flöte.

Pia schläft auf dem Sofa.

Mama trägt das Baby auf dem Rücken.

Oma tröstet ihre Enkelin Maja.

3

Für jedes Bild gibt es (2P).
Wenn du etwas vergessen
hast, ziehe dir (1P) ab.

4
- ⊠ Zwei Zebras liegen im Schatten eines Baumes.
- ⊠ Das Löwenkind kuschelt mit seiner Mama.
- ◯ Das Nashorn schläft tief und fest.
- ⊠ Ein Junge darf auf dem Kamel reiten.
- ◯ An der Kasse steht eine lange Schlange.
- ⊠ Im Zoo leben zwei Elefanten.

Punkte	22–20	19,5–17,5	17–14	13,5–0
Wissensstand	😊👑	🙂	😐	🚧

15. Sätze und kurze Texte lesen

1

	richtig	falsch
In der Schule schlafen alle Kinder.	○	✗
Ein Roller hat zwei Räder.	✗	○
Suppe isst man mit einer Gabel.	○	✗
Im Winter regnet es jeden Tag.	○	✗
Jeden Morgen geht die Sonne auf.	✗	○
Katzen fressen gerne Schokolade.	○	✗

2 Das Tier ist groß und grau. Es hat einen langen Rüssel. Es ist sehr stark.

Das Tier kann gut springen. Seine Kinder trägt es in einem Beutel an seinem Bauch.

Das Tier frisst gerne Mäuse. Es kann nachts gut sehen. Es ist ein Vogel.

3

Es gibt jeweils 1P für den braunen Hund, das rote Halsband, den Knochen, den blauen Himmel, die gelbe Sonne, die grüne Wiese und die blauen Blumen.

Punkte	16–14,5	14–12,5	12–10,5	10–0
Wissensstand	😊👑	🙂	😐	🚧

16. Erzähltext lesen und verstehen

1 Tina wird **7 Jahre** alt.

2

6 Uhr   3 Uhr   4 Uhr   2 Uhr

3 Zu Tinas Fest kommen **vier** Mädchen und **drei** Jungen.

4    Ziehe dir für jedes nicht oder falsch eingekreiste Bild 1P ab.

5

	richtig	falsch	
Tina hat am Samstag Geburtstag.	○	✗	(Nein, am Freitag.)
An Tinas Fest gibt es Torte.	✗	○	
Maja schenkt Tina ein Pferd.	○	✗	(Nein, eine Puppe.)
Die Kinder singen für Tina ein Lied.	✗	○	
Die Kinder suchen einen Schatz.	✗	○	
Der Schatz ist in der Küche.	○	✗	(Nein, im Garten.)

6    Ziehe dir für jedes nicht oder falsch durchgestrichene Bild 1P ab.

Punkte	17–15,5	15–13,5	13–11	10,5–0
Wissensstand	👑😊	🙂	😐	🚧

17. Sachtext lesen und verstehen

1

2 Löwen leben vor allem in **Afrika**.

3 Der Löwe wird auch **König der Tiere** genannt.

4

5
- ◯ schlecht hören
- ☒ weit springen
- ☒ laut brüllen
- ◯ leise weinen
- ☒ gut klettern

6

	richtig	falsch	
Löwen schlafen viel.	☒	◯	
Alle Löwen haben eine Mähne.	◯	☒	(Nein, nur die Männchen haben eine Mähne.)
Löwen jagen etwa alle 4 Tage.	☒	◯	
Löwen fressen Gras und Blätter.	◯	☒	(Nein, sie fressen Fleisch.)
Löwen leben in Gruppen.	☒	◯	
Löwen jagen immer alleine.	◯	☒	(Nein, sie jagen meist in Gruppen.)

7 Hast du 6-mal unterstrichen? Dann bekommst du die volle Punktzahl.

5-mal unterstrichen = 1P

4-mal oder weniger unterstrichen = 0P

Punkte	17–15,5	15–13,5	13–11	10,5–0
Wissensstand	😊👑	🙂	😐	🚧

18. Fit für die 2. Klasse?

1 **18 Kinder** sind bei dem Ausflug dabei. Denn Timo ist krank!

2 Sie fahren mit der Bahn in einen Wildpark.

3

alles richtig = 3P, 1 Fehler = 2P,
2 Fehler = 1P, mehr als 2 Fehler = 0P

4

	richtig	falsch	
Die Klasse 1a fährt in den Wildpark.	X	O	
Die Lehrerin heißt Frau Huber.	O	X	(Nein, sie heißt Frau Gruber.)
Manche Tiere dürfen sie streicheln.	X	O	
Neles Mama ist auch dabei.	O	X	(Nein, es ist Majas Mama.)
Um 11 Uhr machen alle eine Pause.	X	O	
Die Kinder haben keinen Hunger.	O	X	(Nein, sie haben großen Hunger.)
Eine Stunde spielen sie auf dem Spielplatz.	O	X	(Nein, nur eine halbe Stunde.)

5

6  Dieses Plakat passt nicht zum Ausflug, da die Kinder auf ihrem Ausflug **nicht reiten.**

Punkte	14–13	12,5–11	10,5–9	8,5–0
Wissensstand	👑🙂	🙂	😐	⚠️

19. Nomen (Namenwörter)

1 Hast du die Nomen mit großem Anfangsbuchstaben geschrieben? Ziehe dir ansonsten einen 1/2 P ab.

Hier sind ein paar Beispielwörter:

Ball, **Bank**, **Rutsche**, **Baum**, **Blume**, **Mädchen**, **Junge**, **Frau**, **Mama**, **Vogel**, **Hase**, **Busch**, **Blatt** …

2

der	die	das
Ast	Ente	Auge
Turm	Schere	Brot
Fisch	Rakete	Telefon
Baum	Rose	Buch

Ziehe dir auch hier einen 1/2 P ab, wenn du die Nomen nicht großgeschrieben hast.

3

Menschen	Koch, **Pirat**
Tiere	**Frosch, Schaf**
Pflanzen	**Kaktus, Palme**
Dinge	**Dose, Tisch**

Ziehe dir auch hier einen 1/2 P ab, wenn du die Nomen nicht großgeschrieben hast.

4

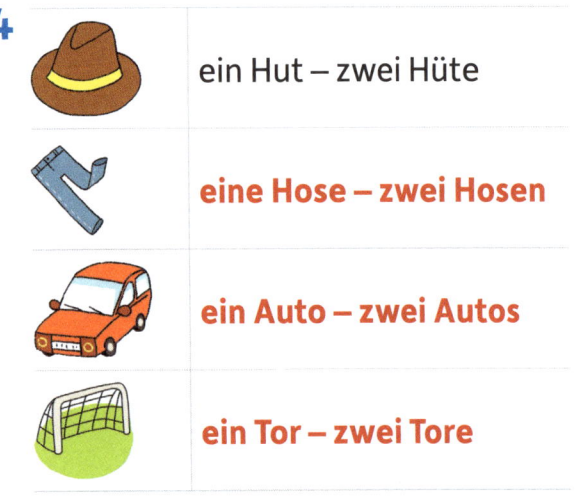

ein Hut – zwei Hüte

eine Hose – zwei Hosen

ein Auto – zwei Autos

ein Tor – zwei Tore

Ziehe dir auch hier einen 1/2 P ab, wenn du die Nomen nicht großgeschrieben hast.

Punkte	30–27,5	27–24	23,5–19,5	19–0
Wissensstand	👑🙂	🙂	😐	🚧

20. Verben (Tunwörter)

1

 **baden**  **lesen**

 trinken   **singen**

 schlafen   **laufen (rennen)**

2

Ziehe dir für jedes nicht oder falsch eingekreiste Wort einen 1P ab.

3

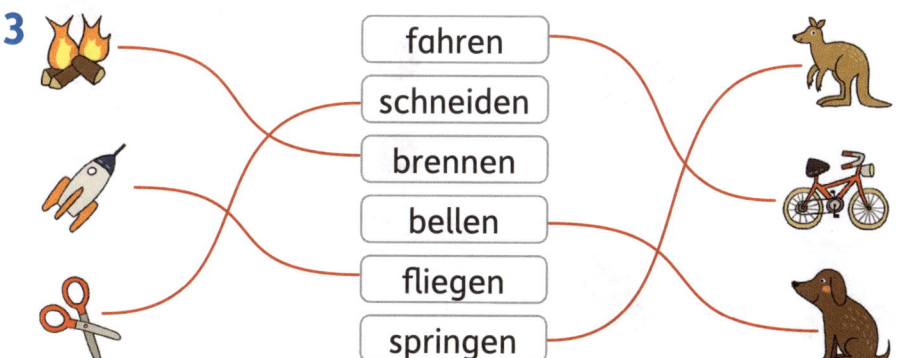

4 Die Bäuerin **melkt** die Kuh. Ich **male** ein schönes Bild.
Die Kinder **lachen** über den Clown. Paul **rechnet** die Aufgaben.
Papa **kocht** Nudeln mit Tomatensoße. Clara **springt** über den Bach.

Punkte	24–22	21,5–19	18,5–15,5	15–0
Wissensstand	😊👑	🙂	😐	🚧

21. Sätze schreiben

1

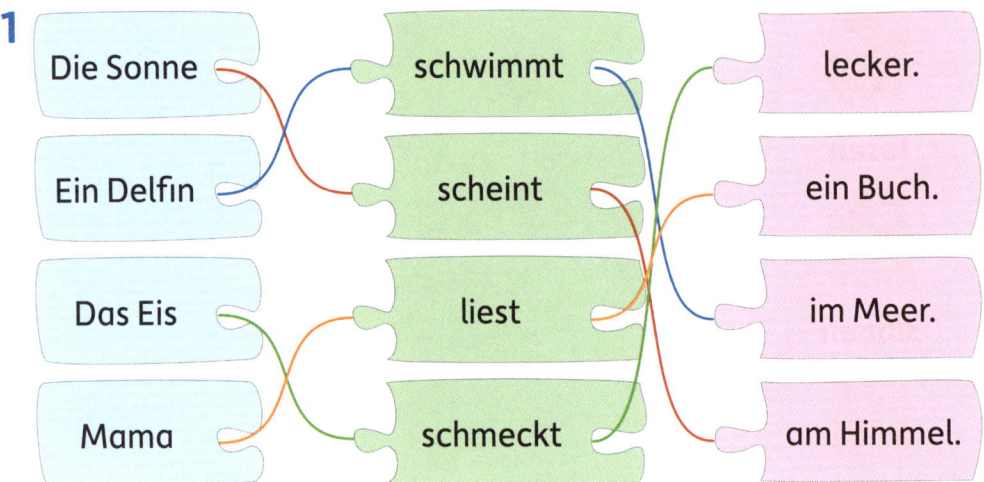

2 **Tom baut eine Sandburg.**
Mama liegt auf der Decke.
Ein Krebs läuft im Sand.

Für jeden Satz gibt es 2P. Ziehe dir 1P ab, wenn du den Punkt am Ende des Satzes vergessen hast. Für jede falsche Schreibung ziehe dir einen ½P ab.

3 Papa badet mit Pia im Meer. Pia liebt das Wasser und die Wellen. Aber jetzt ist Pia kalt. Mama wartet schon mit einem großen Handtuch.

4

Pia sammelt Muscheln.

Tom sucht die rote Schaufel.

Für jeden Satz gibt es 2P.
1P, wenn du die Wörter richtig abgetrennt hast.
1P, wenn du die Sätze richtig aufgeschrieben hast.

Punkte	18–16,5	16–14,5	14–11,5	11–0
Wissensstand	👑	🙂	😐	🚧

22. Fit für die 2. Klasse?

1 Rabe | Tulpe | Stein | Telefon | Tante | Heft | Hand

der Rabe, **die** Tulpe, **der** Stein, **das** Telefon, **die** Tante, **das** Heft, **die** Hand

2

schreiben   **rutschen**   **reiten**

3 Maxi **schreibt** eine Geschichte.
Klara **reitet** auf einem Pferd.
Jonas **rutscht** am Spielplatz.

4

Nomen	Verb
Besen	rufen
Bruder	rechnen
Kiste	kochen

Hast du die Nomen groß- und die Verben kleingeschrieben? Ziehe dir ansonsten einen 1/2 P ab.

5

   kaufen

Paula kauft fünf Rosen. (Paula kauft Rosen.)

   klettern

Pia klettert auf den Baum. (Pia klettert auf einen Baum.)

   naschen

Tim nascht Schokolade. (Tim nascht eine Tafel Schokolade.)

Deine Sätze müssen nicht genauso lauten. Achte aber darauf, dass die Form des Verbs stimmt, du richtig groß- und kleingeschrieben hast und dass du am Ende der Sätze einen Punkt geschrieben hast.

Punkte	25–23	22,5–20	19,5–16	15,5–0
Wissensstand	😊👑	🙂	😐	🚧

Deutsch-Rätsel für Zwischendurch

Auf den folgenden drei Seiten sind kleine Rätsel und Aufgaben, die einfach Spaß machen sollen. Gleichzeitig übst du aber auch das Schreiben und Lesen. Auf der letzten Seite findest du die Lösungen dazu.

1 Schreibe den Satz mit Hilfe deiner Anlauttabelle.

2 Welches Tier beginnt mit welchem Buchstaben? Folge den Linien.

3 Finde die Wörter zu den Bildern im Wörtergitter und male sie farbig an. Der letzte Buchstabe des einen Wortes ist immer der erste Buchstabe des nächsten Wortes. Auf diesem Weg kommt der Papagei zu Doggy.

E	L	E	F	A	N	T	Q	E	S	A	F	U	Y	W	P	V
D	J	Y	ß	T	K	Ü	N	E	M	C	Ö	Q	B	Ä	X	O
Z	J	T	X	A	Ä	R	O	S	E	U	O	Y	E	ß	L	G
K	R	V	E	I	G	N	Z	J	S	W	P	T	U	H	O	L
G	J	A	Q	Z	O	M	R	V	E	N	T	W	D	F	P	B
G	V	E	Ü	U	A	Q	M	L	L	Ö	W	E	K	T	Ä	S
L	J	F	Q	B	M	N	Y	C	R	D	W	I	O	Ü	T	Ö
H	D	C	V	J	K	Ö	B	W	E	M	O	S	A	L	A	T
W	R	C	S	Q	N	O	F	V	X	T	L	A	K	I	G	O
R	T	V	G	Y	M	X	J	W	Z	U	E	L	O	D	N	R

4 Löse die beiden Buchstabensudokus. In jeder Zeile → und in jeder Spalte ↓ und in jedem dick gerahmten Quadrat ☐ dürfen die jeweiligen Buchstaben nur einmal vorkommen. Schreibe richtig dazu.

NASE

N		S	
S	E	N	A
	S		
A		E	S

HERZ

	R		H
H		E	
Z	H	R	E
	E		Z

Lösungen zu Seite 50:

PALME
TELEFON
SCHERE
HAUS

Lösungen zu den Deutsch-Rätseln für Zwischendurch:

1 DU BIST GENIAL!

2

R — Raupe F — Fliege W — Wolf K — Kuh Z — Zebra G — Gans

3

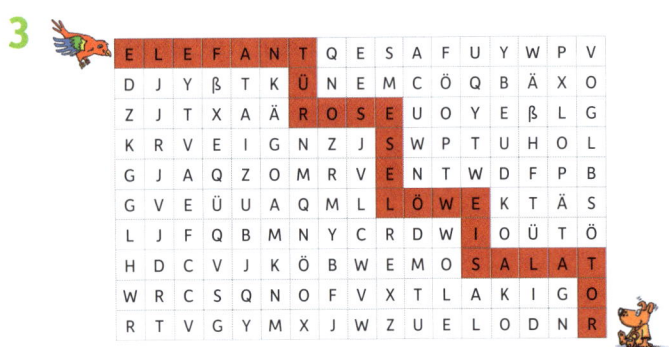

4

N	A	S	E
S	E	N	A
E	S	A	N
A	N	E	S

E	R	Z	H
H	Z	E	R
Z	H	R	E
R	E	H	Z

4 Lies genau. Kreuze an, was du siehst.

○ ein großer Baum ○ ein langer Kopf
○ ein großer Raum ○ ein langer Zopf

○ ein Glas Schaf ○ eine Vase mit Blumen
○ ein Glas Saft ○ eine Nase mit Blumen   ☐ /4

5 Was gehört zusammmen? Verbinde die Wörter zu einem Wort.

   Vogel-   -tür

   Regen-   -tasche

   Milch-   -nest

   Haus-   -flasche

   Hand-   -wolke   ☐ /5

Von 25 Punkten hast du _____ erreicht.

Hast du auch nichts vergessen? Dann vergleiche mit den Lösungen!

13. Wörter und kurze Sätze lesen

1 Was kannst du trinken? Kreuze richtig an.

○ Apfelsaft ○ Limonade ○ Telefon
○ Flugzeug ○ Milch ○ Früchtetee
○ Wasser ○ Füller ○ Salamibrot

☐ /9

2 Verbinde Satz und Bild. Male richtig an.

Der Stift ist grün.

Das Auto ist blau.

Die Kanne ist rosa.

Das Sofa ist grau.

Die Tasche ist rot.

Der Eimer ist gelb.

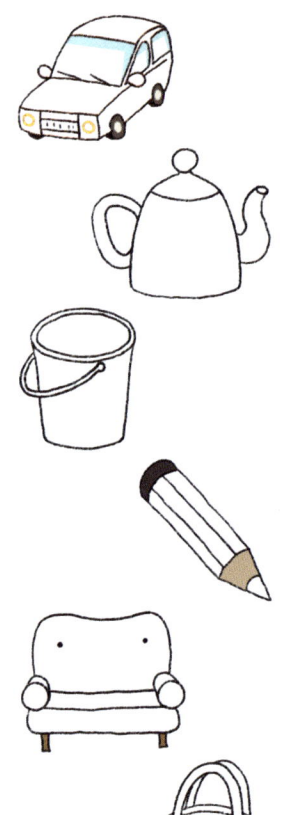

☐ /6

3 Male dazu, was fehlt.

Auf dem Teller liegt ein Apfel.

Das Haus hat vier Fenster.

☐ /2

4 Welcher Satz passt zum Bild? Kreuze an.

○ Das ist eine Schaukel.
○ Das ist eine Schaufel.

○ Der Hund schläft.
○ Der Mund schläft.

○ Auf der Insel ist eine Palme.
○ Auf der Insel ist eine Blume.

○ Mama liest ein Buch.
○ Mama niest ein Buch.

☐ /4

5 Kannst du erraten, was gemeint ist? Lies die Sätze. Schreibe das richtige Wort auf.

Es kann fliegen. Es hat Flügel. Es ist schwer.
Es ist ein _____.

Vogel
Schmetterling
Flugzeug

Es ist grün. Du kannst es essen. Es ist ein Gemüse.
Es ist eine _____.

Frosch
Gurke
Birne

☐ /2

Von 23 Punkten hast du _____ erreicht.

14. Sätze lesen

1 Welches Wort passt in den Satz? Male aus.

Ein ganzes Jahr hat zwölf ⟨Monate⟩ ⟨Tage⟩.

Mama backt im Ofen ⟨Kuchen⟩ ⟨Salat⟩.

Nachts jagen Eulen ⟨Tiger⟩ ⟨Mäuse⟩.

Vögel haben ⟨Flügel⟩ ⟨Flossen⟩.

Wir sehen mit unseren ⟨Augen⟩ ⟨Ohren⟩.

Elefanten leben in ⟨Italien⟩ ⟨Afrika⟩.

☐/6

2 Verbinde jeden Satz mit dem passenden Bild.

Tom macht gerade seine Hausaufgaben.

Herr Müller wäscht sein grünes Auto.

Tobias übt auf seiner Flöte.

Pia schläft auf dem Sofa.

Mama trägt das Baby auf dem Rücken.

Oma tröstet ihre Enkelin Maja.

☐/6

3 **Male richtig zu den Sätzen.**

Male ein rotes Auto
mit schwarzen Reifen.

Male einen Schneemann mit
blauem Hut und einem Besen.

☐/4

4 **Welche Sätze passen zum Bild? Kreuze nur die richtigen Sätze an.**

○ Zwei Zebras liegen im
   Schatten eines Baumes.

○ Das Löwenkind kuschelt
   mit seiner Mama.

○ Das Nashorn schläft
   tief und fest.

○ Ein Junge darf auf dem
   Kamel reiten.

○ An der Kasse steht eine
   lange Schlange.

○ Im Zoo leben zwei Elefanten.

☐/6

Von 22 Punkten hast du _____ erreicht.

Super gemacht!
Prüfe nochmals deine
Antworten.

15. Sätze und kurze Texte lesen

1 Richtig oder falsch? Kreuze an.

	richtig	falsch
In der Schule schlafen alle Kinder.	○	○
Ein Roller hat zwei Räder.	○	○
Suppe isst man mit einer Gabel.	○	○
Im Winter regnet es jeden Tag.	○	○
Jeden Morgen geht die Sonne auf.	○	○
Katzen fressen gerne Schokolade.	○	○

☐/6

2 Welches Tier ist gemeint? Kreise das richtige Bild ein.

Das Tier ist groß und grau. Es hat einen langen Rüssel. Es ist sehr stark.

Das Tier kann gut springen. Seine Kinder trägt es in einem Beutel an seinem Bauch.

Das Tier frisst gerne Mäuse. Es kann nachts gut sehen. Es ist ein Vogel.

☐/3

3 Lies genau und male das Bild fertig.

Auf dem Bild ist ein Hund.

Sein Fell ist braun.

Der Hund hat ein rotes Halsband.

Neben dem Hund liegt ein Knochen.

Am blauen Himmel scheint die gelbe Sonne.

Die Wiese ist grün.

Die Blumen sind blau.

/7

Von 16 Punkten hast du _____ erreicht.

Fertig? Dann überprüfe noch einmal deine Lösungen!

16. Erzähltext lesen und verstehen

Tina hat Geburtstag

Am Freitag hat Tina Geburtstag.
Sie wird 7 Jahre alt.
Pünktlich um drei Uhr beginnt das Fest.
Es kommen vier Mädchen und drei Jungen.
Maja schenkt ihr eine Puppe.
Tina bekommt auch viele Bücher, Autos,
einen Eimer und einen Ball.
Mama hat eine Torte gebacken.
Die Kinder singen für Tina ein Lied.
Später suchen die Kinder im Garten einen Schatz.
Darin sind Bonbons, Schokolade und Luftballons.
Was für ein schönes Fest!

1 Wie alt wird Tina? Schreibe auf.

☐ /1

2 Um wie viel Uhr beginnt das Fest? Kreuze die richtige Uhr an.

6 Uhr   3 Uhr   4 Uhr   2 Uhr

☐ /1

3 Ergänze richtig. Wie viele Kinder kommen zu Tinas Fest?

Zu Tinas Fest kommen _____ Mädchen

und _____ Jungen.

☐ /2

4 Was bekommt Tina zum Geburtstag geschenkt? Kreise die Dinge ein.

☐/5

5 Richtig oder falsch? Kreuze an.

	richtig	falsch
Tina hat am Samstag Geburtstag.	○	○
An Tinas Fest gibt es Torte.	○	○
Maja schenkt Tina ein Pferd.	○	○
Die Kinder singen für Tina ein Lied.	○	○
Die Kinder suchen einen Schatz.	○	○
Der Schatz ist in der Küche.	○	○

☐/6

6 Was ist nicht in der Schatzkiste? Streiche durch.

☐/2

Von 17 Punkten hast du _____ erreicht.

17. Sachtext lesen und verstehen

Der Löwe

Löwen sind große Katzen.
Sie leben vor allem in Afrika.
Der Löwe wird auch König der Tiere genannt.
Nur die männlichen Tiere haben eine Mähne.
Löwen können 10 Meter weit springen,
auf Bäume klettern und sehr laut brüllen.
Löwen schlafen sehr viel.
Sie gehen nur alle 4 Tage auf die Jagd.
Dann fangen sie Antilopen, Büffel und Zebras.
Löwen fressen nur Fleisch.
Sie leben in großen Gruppen und jagen meist auch gemeinsam.

1 Welches Tier ist mit den Löwen verwandt? Kreise ein.

☐/1

2 Auf welchem Kontinent leben Löwen vor allem? Ergänze richtig.

Löwen leben vor allem in _____.

☐/1

3 Wie wird der Löwe auch genannt? Schreibe auf.

_____

☐/1

4 Welches Tier jagen Löwen? Kreise ein.

☐/1

5 Was können Löwen? Kreuze alles an, was im Text steht.

- ○ schlecht hören
- ○ weit springen
- ○ laut brüllen
- ○ leise weinen
- ○ gut klettern

☐/5

6 Richtig oder falsch? Kreuze an.

	richtig	falsch
Löwen schlafen viel.	○	○
Alle Löwen haben eine Mähne.	○	○
Löwen jagen etwa alle 4 Tage.	○	○
Löwen fressen Gras und Blätter.	○	○
Löwen leben in Gruppen.	○	○
Löwen jagen immer alleine.	○	○

☐/6

7 Unterstreiche im Text auf Seite 36 jedes Mal das Wort Löwe und das Wort Löwen grün.

☐/2

Von 17 Punkten hast du _____ erreicht.

18. Fit für die 2. Klasse?

Der Ausflug

In der Klasse 1a sind 19 Kinder.
Heute macht die Klasse einen Ausflug.
Sie fahren mit der Bahn in einen Wildpark.
Nur Timo ist nicht dabei. Er ist krank.
Majas Mutter begleitet die Lehrerin Frau Gruber.
Im Wildpark sehen sie Braunbären, Wölfe, Hasen und Biber.
Die Rehe und Ziegen dürfen die Kinder sogar füttern und streicheln.
Auch die Eselfamilie lieben alle Kinder.
Um 11 Uhr machen sie eine Pause.
Alle Kinder haben schon großen Hunger und Durst.
Danach dürfen die Kinder noch eine halbe Stunde
auf den Spielplatz.
Um 12 Uhr machen sie sich auf den Heimweg.
Am nächsten Tag basteln die Kinder bunte Plakate zu ihrem Ausflug.
Alle hatten viel Spaß!

Lies dir alle Aufgaben ganz genau durch!

1 Wie viele Kinder sind bei dem Ausflug dabei?

☐ /1

**2 Wie kommen die Kinder zum Wildpark?
Unterstreiche die Antwort im Text grün.**

☐ /1

3 Kreise alle Tiere ein, die die Kinder im Wildpark sehen.

☐ /3

4 **Richtig** oder **falsch**? Kreuze an.

	richtig	falsch
Die Klasse 1a fährt in den Wildpark.	○	○
Die Lehrerin heißt Frau Huber.	○	○
Manche Tiere dürfen sie streicheln.	○	○
Neles Mama ist auch dabei.	○	○
Um 11 Uhr machen alle eine Pause.	○	○
Die Kinder haben keinen Hunger.	○	○
Eine Stunde spielen sie auf dem Spielplatz.	○	○

☐ /7

5 Um wie viel Uhr fahren die Kinder nach Hause?
Kreise die Uhrzeit im Text **blau** ein.

☐ /1

6 Welches Plakat passt nicht zum Ausflug? Streiche es durch.

☐ /1

Von 14 Punkten hast du _____ erreicht.

Grammatik (Sprache untersuchen)

Nomen (Namenwort)

Nomen (Namenwörter) sagen dir wie **Menschen**, **Tiere**, **Pflanzen** und **Dinge** heißen.
Ihre Namen schreibst du mit großem Anfangsbuchstaben.

 **Polizistin**  **Schaf**  **Rose**  **Ball**

Nomen haben Artikel. Die **Artikel** (Begleiter) heißen:
der, **die**, **das**.

der Mann	**der** Löwe	**der** Baum	**der** Roller
die Mutter	**die** Maus	**die** Tulpe	**die** Schere
das Kind	**das** Kamel	**das** Gras	**das** Telefon

Nomen können in der **Einzahl** oder in der **Mehrzahl** stehen.

der Hut – viele Hüte   der Fisch – viele Fische

  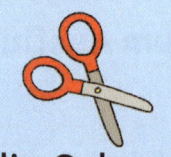 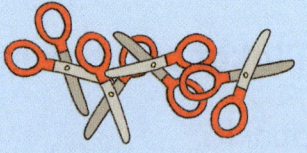
die Rose – viele Rosen   die Schere – viele Scheren

   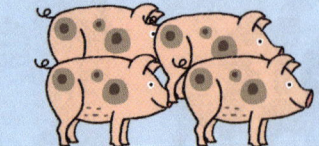
das Kind – viele Kinder   das Schwein – viele Schweine

Verben (Tunwörter)

Verben (Tunwörter) sagen dir, was Menschen, Tiere, Pflanzen und Dinge **tun**.
Du schreibst sie mit kleinem Anfangsbuchstaben.

Der Polizist **schreibt**.

Das Schaf **frisst**.

Die Rose **blüht**.

Der Ball **rollt**.

Sätze

Aus Wörtern kannst du **Sätze** bilden.
Zwischen den Wörtern ist eine Lücke.
Am Ende des Satzes schreibst du einen **Punkt**.

| Paul | kauft | einen | Lutscher | . |

Paul kauft einen Lutscher.

| Marie | angelt | einen | Fisch | . |

Marie angelt einen Fisch.

| Der | Löwe | brüllt | laut | . |

Der Löwe brüllt laut.

Hier kannst du immer wieder nachschauen, wenn dir etwas nicht klar ist.

19. Nomen (Namenwörter)

1 Schreibe zu dem Bild 5 passende Nomen (Namenwörter) auf.

/5

2 Welcher Artikel gehört zu den Nomen (Namenwörtern)? Schreibe die Nomen richtig in die Tabelle.

der	die	das

/12

3 Ordne die Nomen (Namenwörter) richtig zu.

Menschen	Koch,
Tiere	
Pflanzen	
Dinge	

/7

4 Aus eins mach zwei. Schreibe auf.

ein Hut – zwei Hüte

/6

Von 30 Punkten hast du _____ erreicht.

Denke daran:
Nomen schreibst du groß!

20. Verben (Tunwörter)

1 Was tun die Kinder? Schreibe auf.

☐ /6

2 Kreise nur die Verben (Tunwörter) ein.

EIMER   LERNEN   PINSEL
LESEN   MALEN   GARTEN   RUFEN
BODEN   SÄGE   WASCHEN
BANK
WERFEN

☐ /6

3 Welches Verb passt zu welchem Bild? Verbinde passend.

fahren

schneiden

brennen

bellen

fliegen

springen

/6

4 Setze die Verben in der richtigen Form ein.

melken – rechnen – kochen – springen – malen – lachen

Die Bäuerin _____ die Kuh.

Die Kinder _____ über den Clown.

Papa _____ Nudeln mit Tomatensoße.

Ich _____ ein schönes Bild.

Paul _____ die Aufgaben.

Clara _____ über den Bach.

/6

Von 24 Punkten hast du _____ erreicht.

21. Sätze schreiben

1 Was passt zusammen? Verbinde die Puzzleteile richtig.

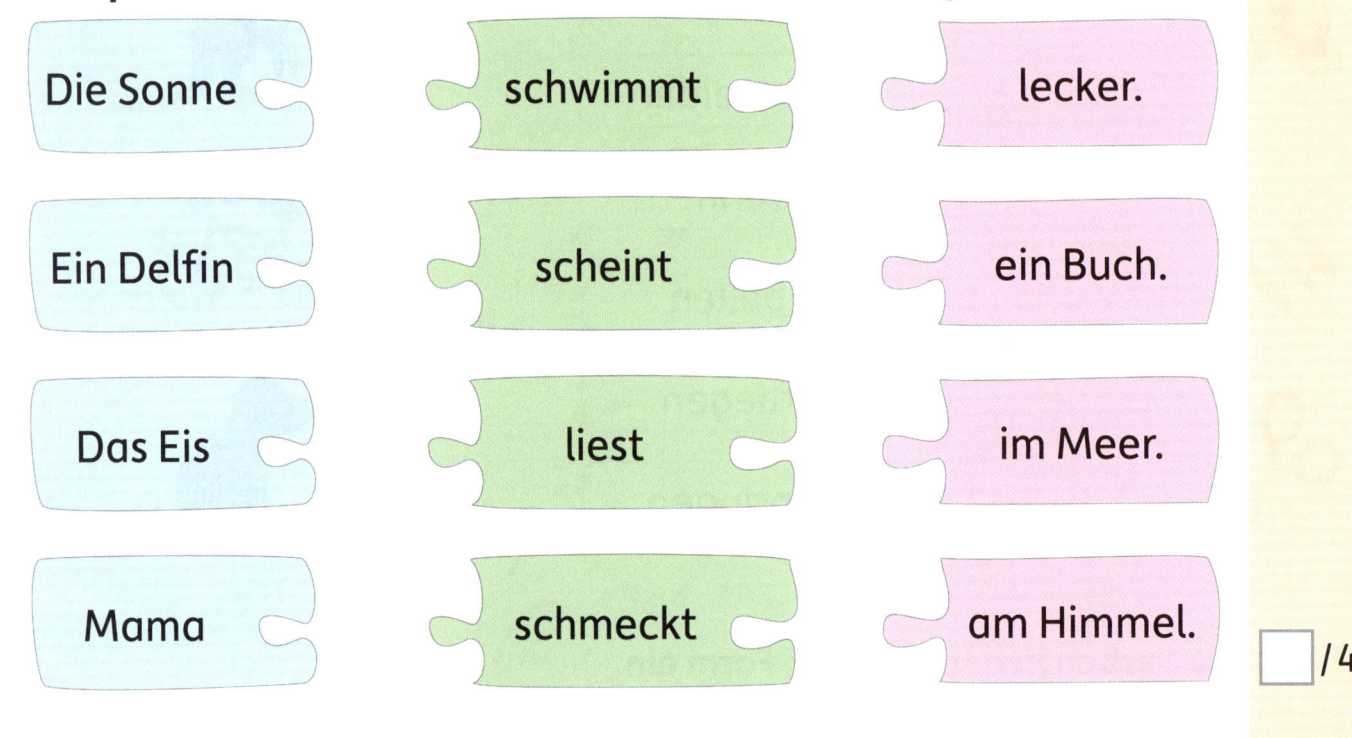

☐ /4

2 Ordne die Wörter zu sinnvollen Sätzen. Schreibe die Sätze richtig auf. Denke an den Punkt am Ende der Sätze.

☐ /6

3 Ergänze die Punkte zwischen den Sätzen.

Papa badet mit Pia im Meer Pia liebt das Wasser und die Wellen Aber jetzt ist Pia kalt Mama wartet schon mit einem großen Handtuch

/4

4 Trenne die Wörter mit Strichen ab. Schreibe die Sätze richtig auf.

Pia|sammeltMuscheln.

TomsuchtdieroteSchaufel.

/4

Von 18 Punkten hast du ____ erreicht.

Prüfe noch einmal genau, ob du nach jedem Satz einen Punkt geschrieben hast!

22. Fit für die 2. Klasse?

1 **Trenne die Nomen in der Wörterschlange ab. Schreibe sie mit dem richtigen Artikel der, die, das auf.**

RabeTulpeSteinTelefonTanteHeftHand

/7

2 **Schreibe auf, was die Kinder tun.**

/3

3 **Setze die Wörter von Aufgabe 2 richtig in die Sätze ein.**

Maxi _____ eine Geschichte.

Klara _____ auf einem Pferd.

Jonas _____ am Spielplatz.

/3

4 Nomen oder Verb? Schreibe die Wörter richtig in die Tabelle.
Achte auf Groß- und Kleinschreibung.

RUFEN – BESEN – RECHNEN – BRUDER – KISTE – KOCHEN

Nomen	Verb

☐/6

5 Schreibe richtige Sätze auf. Denke dir Namen für die Kinder aus.

kaufen

klettern

naschen

☐/6

Von 25 Punkten hast du _____ erreicht.

Anlauttabelle

Auf der rechten Seite findest du eine Anlauttabelle, wie du sie wahrscheinlich aus der Schule kennst. Schneide sie vorsichtig an der gestrichelten Linie heraus. Eine Anlauttabelle kann dir vor allem zu Beginn beim Schreiben helfen. Natürlich kannst du für die Arbeit in diesem Heft auch deine Anlauttabelle aus der Schule verwenden.

Hier kannst du üben, mit der Anlauttabelle zu schreiben. Schreibe unter jedes Bild den passenden Anlaut. Kannst du die Wörter auch lesen?

Die Lösungen hierzu sowie weitere Rätsel und Übungen findest du am Ende des Lösungsteils.